Das große Bulli Abenteuer

» *Schildkröten können dir mehr über den Weg erzählen als Hasen.* «

Chinesisches Sprichwort

Peter Gebhard

Das große Bulli ABENTEUER

Mit 44 PS von Istanbul ans Nordkap

FREDERKING & THALER

8 **Vorwort**
Eine Traumreise wird geboren

TÜRKEI
18 **Fast schon in Asien**
Eine Woche in Istanbul

GRIECHENLAND
28 **Auf dem heiligen Berg**
Von Istanbul nach Athos

GRIECHENLAND
38 **Kalter, wilder Winkel**
Von der Zagori zur albanischen Grenze

ALBANIEN
46 **Bunker, Benz und Bundesliga**
Von der griechischen Grenze bis nach Tepeleme

ALBANIEN
54 **Bei den Berggöttern**
Von Shkodra nach Lëpushë

MONTENEGRO | BOSNIEN
64 **Balkan-Bulli-Beat**
Von Podgorica nach Mostar

KROATIEN
72 **Eintritt ins Paradies**
Von Mostar nach Dugi Otok

KROATIEN
80 **Das Wunder von Lovran**
Von Cres nach Opatija

ITALIEN
88 **Drei Winkel im Herzen Europas**
Von Triest nach Bozen

ÖSTERREICH
98 **Große Höhen, finstere Tiefen**
Vom Großglockner nach Burghausen

DEUTSCHLAND
108 **Eiserner Vorhang, Grünes Band**
Von Regensburg nach Schönsee

TSCHECHIEN
116 **Kühles Bier und kaltes Herz**
Von Domažlice in die Böhmische Schweiz

DEUTSCHLAND
126 **Blaue Blumen im Kohleland**
Von der Niederlausitz nach Berlin

DEUTSCHLAND
136 **Stadt, Land, Fluss und Meer**
Von Berlin nach Nordfriesland

DÄNEMARK | SCHWEDEN
150 **Make Love, Not War**
Von Rømø nach Örebro

SCHWEDEN | NORWEGEN
160 **Coole Schlitten und heiße Ware**
Von Örebro zum Femundsee

NORWEGEN | SCHWEDEN
168 **Geld und Liebe am Silberweg**
Vom Polarkreis zum Silvervägen

NORWEGEN
178 **Finale im hohen Norden**
Vom Tysfjord zum Nordkap

188 **Making of**
Die Geschichte hinter der Geschichte

192 **Dank, Impressum**

 Vorwort

Eine Traumreise wird geboren

Genau zehn Jahre nach dem Megaprojekt »Panamericana« war es für mich wieder einmal Zeit für eine auch geografisch ganz große Reportage, eine Reise quer durch einen Kontinent. Warum nicht Europa? Wem ist die unglaubliche landschaftliche und kulturelle Vielfalt unseres Erdteils wirklich bewusst? Viele Landstriche sind vom Namen her völlig unbekannt, obwohl manche fast vor unserer Haustür liegen. In Deutschland kennt man eher Dubai, Kuba oder Bali als den Böhmerwald, Friaul oder Thrakien. Dabei haben diese Regionen auf ganz unterschiedliche Art und Weise Europas Werdegang beeinflusst. Eine Reise durch unseren Kontinent ist auch eine Spurensuche, in der es um Heimat und Identität geht.

Der Endpunkt der Reise war schnell gefunden: Das Nordkap, Traumziel unzähliger Skandinavien-Fans, kennt jeder, weiter nach Norden geht es zumindest mit dem Auto nicht. Doch wo sollte ich starten? Das Südkap? Gibt es nicht. Der südlichste Punkt Europas ist die Insel Gavdos südlich von Kreta. Auf Kreta wurde der Mythos der Europa geboren, doch konzeptionell überzeugte mich diese Route nicht.

Natürlich hätte ich in Gibraltar oder auf Sizilien starten können, aber auf beiden Routen wäre der gesamte Südosten des Kontinents unter den Tisch gefallen. Der Balkan gehört jedoch landschaftlich zu den eindrucksvollsten, historisch zu den spannendsten und brisantesten Regionen Europas – ein bunter Mix der Völker und Kulturen, ein Gebiet, das jahrhundertelang unter osmanischer Herrschaft stand.

Die Machthaber des osmanischen Reichs residierten in einer Stadt, die schon 1000 Jahre zuvor die oströmische und byzantinische Kapitale gewesen war: Konstantinopel, das heutige Istanbul,

mit 14 Millionen Einwohnern Europas größte Metropole, wenn man die asiatischen Stadtteile jenseits des Bosporus hinzuzählt. Istanbul – seit Jahrhunderten Nahtstelle und zugleich Brücke zwischen Europa und Asien. Dort musste meine Reise beginnen!

Eine Tour durch Europa ist eine Reise durch die Geschichte, ein bisschen immer auch durch die eigene: Erinnerungen an die prägenden Interrail- und Tramper-Touren als Teenager nach Skandinavien und Richtung Mittelmeer wurden wach. Ob Trondheim, Saint-Tropez oder Thessaloniki – überall begegnete ich damals den VW Bullis. Einige Jahre zuvor waren damit schon die Hippies auf ihrem »Love, peace and happiness«-Trip gen Ibiza, Mykonos oder ins ferne indische Goa gereist – der VW Bulli wurde zum kultigen Fortbewegungsmittel der Flower-Power-Szene. Die nicht ganz so Wilden zog es mit ihrem Campingbus nach Norden. Für beide Gruppen war der Bulli Synonym für Freiheit, Individualität und Ausbruch aus bürgerlichen Normen, heute steht er zusätzlich für Entschleunigung. Meist traf ich damals auf T2- oder T3-Modelle, ganz selten war noch ein T1 mit zweigeteilter Frontscheibe darunter. Doch der Bulli-Klassiker stand mir immer besonders nahe, da ich ihn bereits zu meinem fünften Geburtstag erhielt – als himmelblaues Spielzeugauto aus Metall.

Schon lange hatte ich von einem echten T1-Bus geträumt, doch es bedurfte einer Reihe von glücklichen Zufällen, bis ich dank meiner Freunde von der Käferwerkstatt Regensburg fündig wurde. Nach meinen langen Aufenthalten in Rio und ausgiebiger Fahrpraxis mit einem dortigen T2-Bus sollte es vielleicht so sein, dass mein jetziger T1-Bulli ursprünglich aus Südbrasilien stammt. Fern seiner alten Heimat hat er mich und mein Team trotz einiger Malaisen und Schrecksekunden schließlich nach 15 000 Kilometern ohne Komfortzone wohlbehalten ans Ziel gebracht. Von dieser einzigartigen und unvergesslichen Reise durch Europa erzählt »Das große Bulli-Abenteuer«.

Steigen Sie ein und reisen Sie mit mir durch Europa!
Ihr

Peter Gebhard

Istanbul
Kilometer 0 – Tag 1 bis 10

Fast schon in Asien

Eine Woche in Istanbul

Istanbul ist die einzige Metropole der Welt, die sich über zwei Kontinente erstreckt. Am Bosporus, der Nahtstelle zwischen Europa und Asien, beginnt unsere große Bulli-Reise. Hier herrschten einst die byzantinischen Kaiser über ihr oströmisches Imperium und die Sultane über ihr Osmanisches Reich. Aus Konstantinopel wurde Istanbul, heute eine pulsierende 15-Millionen-Metropole mit über 2500 Jahren Stadtgeschichte.

Fast 3000 Kilometer in drei Tagen. Nicht mit irgendeinem Auto, sondern mit einem original T1-Bulli aus Brasilien, Baujahr 1975. Das bedeutet höchste Konzentration für den Fahrer, jeden Bruchteil einer Sekunde: Die Lenkung mit ihrem großen Spiel ist extrem gewöhnungsbedürftig, und ein Unfall selbst mit leichtem Aufprall darf nicht passieren. Dann sind die Beine weg, denn es gibt keine Knautschzone – der Motor sitzt hinten. Doch wir überstehen alle kritischen Momente der Anreise glücklich: die Horrorpassage durch die einspurigen österreichischen Alpentunnel, eingequetscht zwischen drängelnden Sattelschleppern, die monotone Nachtfahrt durch die slawonische Ebene, die morgendliche Irrfahrt durch die Vororte Belgrads, nachdem ein schwerer Unfall die Transitstrecke blockierte, und die schmale vielbefahrene Landstraße durch Südserbien, den berüchtigten früheren Autoput.

Vor der Ortaköy-Moschee am Bosporus, der Nahtstelle zwischen Asien und Europa, beginnt unsere 15 000 Kilometer lange Tour zum Nordkap. Wird der Bulli die Langstreckentour überhaupt durchhalten? Erst mal losfahren!

Nun sind wir kurz vor unserem Ziel, das eigentlich erst der Anfang der großen Reise ist.

Nach stundenlanger Fahrt durch monotone kahle Hügellandschaften tauchen die Vorstädte Istanbuls auf. Immer weiter nach Osten, wir fahren fast wie in Trance – nach 40 Stunden Autofahrt mit nur einer Übernachtung kein Wunder. Oder liegt es an dem surrealen rosa Dämmerlicht, das über den tristen Hochhaussiedlungen der Peripherie hängt? Die Megastadt breitet sich wie ein Krake nach Westen aus und beginnt mittlerweile knapp 100 Kilometer vor dem Zentrum. Innerhalb von 50 Jahren ist Istanbul um das Zehnfache angewachsen, heute ist es Europas größte Stadt mit fast 15 Millionen Einwohnern.

Wir kommen zum denkbar schlechtesten Zeitpunkt in die Stadt, der Feierabendverkehr rollt an. Bereits 60 Kilometer vor dem Zentrum geht das Gerangel auf den jeweils sechs Autobahnspuren los. Taxifahrer schießen auf der rechten Standspur an uns vorbei und ziehen sofort wieder links hinüber, völlig überladene Kleinlaster blockieren Überholspuren, Fernbusse und Sattelschlepper bahnen sich mit Hupkonzerten ihren Weg … und wir mit dem Bulli mittendrin! Immer dichter und irrwitziger wird der Verkehr, als wir den zentralen Verkehrsknotenpunkt in Aksaray erreichen. Ein Sog erfasst uns, und wir verschmelzen mit Tausenden Fahrzeugen zu einer großen zähen Masse, die sich von der Brücke über das Goldene Horn hoch Richtung Taksim-Platz zieht. Im letzten Tageslicht beginnt plötzlich der Zauber: Die Moscheen der Altstadt erstrahlen ebenso im Lichterglanz wie gegenüber in Beyoğlu der Galata-Turm aus dem 14. Jahrhundert, der letzte verbliebene Wehrturm aus der genuesischen Epoche. Über den Bosporus ziehen die Fähren wie Glühwürmchen hinüber zum asiatischen Ufer. Alptraum und Traum liegen in Istanbul ganz dicht nebeneinander. Jetzt bloß im richtigen

> *In einem der Hinterhöfe wird ein Teppich geklopft, ein paar Kinder bolzen auf der Straße, irgendwo in der Ferne hupt ein Bus …* «

Moment den Lindwurm verlassen und die passende der vielen engen verwinkelten Gassen nach Cihangir erwischen! Als wir dort unser Quartier erreichen, sind das Chaos und die Hektik der Metropole wie von Geisterhand verschwunden. Hier herrscht Kiez-Atmosphäre, Cihangir ist wie ein Dorf, ein kleiner, unabhängiger Planet inmitten des Kosmos Istanbul: Kleine Lebensmittelläden, gemütliche Cafés, Trödelläden, Kopfsteinpflaster – all dies könnte auch irgendwo im Hamburger Schanzenviertel liegen …

Auf Entdeckungstour

Der nächste Morgen beginnt mit ungewohnter Stille. Man steht in Istanbul nicht früh auf. In einem der Hinterhöfe wird ein Teppich geklopft, ein paar Kinder bolzen auf der Straße, irgendwo in der Ferne hupt ein Bus, tutet eine Schiffssirene – scheinbar kümmert es hier niemanden, von einer lärmenden, hektischen Mega-Stadt umzingelt zu sein. Als ich jedoch gegen zehn Uhr vormittags zum Wasser hinuntergehe, erkenne ich wieder, wo ich mich befinde: An der Galata-Brücke spucken Dutzende von Fähren die Pendler vom asiatischen Ufer aus – ein schier endloser Menschenstrom, der sich in die Innenstadt ergießt und am späten Nachmittag wieder herausfließt, wie von einem Riesenherz gepumpt.

Istanbul ist eine atemberaubende Reise durch die Zeit, durch Jahrhunderte der Menschheitsgeschichte: Vor knapp 3000 Jahren siedelten bereits die ersten Menschen am Goldenen Horn, einem besonders geschützten Hafen am Bosporus. Byzanz, Konstantinopel, Istanbul – bei den Griechen, die im 7. Jahrhundert v. Chr. mit ihren Schiffen hier landeten, hieß die Stadt oft einfach nur *poli*, die Stadt. Im Jahr 537 ließ der oströmische Kaiser Justinian einen gleichermaßen gigantischen wie genialen Kuppelbau als Gotteshaus errichten, die Hagia Sophia (»Heilige Weisheit«). Über 900 Jahre ließen sich byzantinische Kaiser in dieser größten Kirche des Christentums krönen, bis Konstantinopel 1453 in die Hände der osmanischen Eroberer fiel. Doch anders als die christlichen Kreuzfahrer zwei Jahrhunderte zuvor verwüsteten die neuen Herrscher das gewaltige Gotteshaus nicht, sondern nutzten es fortan als Moschee. Sie änderten auch den Namen der Stadt nicht, denn auch sie wollten die Erben Roms sein. Das geschah erst mit der Geburt der modernen Türkei unter Atatürk. Der erste Präsident verordnete westliche Kleidung sowie die lateinische Schrift, und weil er die Stadt am Bosporus hasste, verlegte er die Hauptstadt in ein anatolisches Provinznest namens Ankara. Die Hagia Sophia wurde Museum, Konstantinopel wurde Istanbul und geriet zum ersten Mal in seiner langen Geschichte ins Abseits. Doch damit nicht genug: Türkische Nationalisten vertrieben Zigtausende Armenier, Griechen und Juden, die nichtmuslimische Mittelschicht, die Handwerker und Geschäftsleute und beendeten damit die jahrhundertealte osmanische Multikulti-Gesellschaft. Stattdessen strömten Hunderttausende anatolische Bauern auf der Suche nach Arbeit in die Metropole am Bosporus.

Wir wollen mit dem Bulli über die zweite Bosporusbrücke nach Asien hineinschnuppern, einmal kurz vom Abend- ins Morgenland! Die Uferstraße auf der europäischen Seite wirkt wie eine Mischung aus Hamburger Elbchaussee und Venice in Los Angeles: Villen,

In einem Parkhaus in Cihangir erhält der Bulli ein geschütztes Plätzchen, vom Parkwächter und Staatsgründer Atatürk gleichermaßen bewacht.

Die engen Straßen im Kiezviertel von Cihangir sind von Trödelläden und Cafés geprägt. Hier ist die Hektik der 15-Millionen-Metropole scheinbar Lichtjahre entfernt (rechte Seite).

Jachten, Luxusboutiquen, dicke Autos … und der obligatorische Istanbul-Stau: Anderthalb Stunden lang sind wir als oft bestaunter Exot zwischen Porsche Cayennes, BMWs und Audis eingekeilt. Als wir endlich die Brückenauffahrt erreichen, erblicken wir vor uns auf den Hügeln eine Parade von neuen Wolkenkratzern mit glitzernden Glasfassaden. Seelenlose steinerne Symbole des jüngsten Wirtschaftsbooms, Ausdruck einer neuen Epoche, deren Religion einzig und allein das Geld ist.

»Asya kitasina hoş geldiniz – Willkommen in Asien« steht auf dem Schild am östlichen Brückenende und vermittelt uns ein komisches, ein irreales Gefühl. Warum nicht einfach weiter nach Osten fahren, durch Anatolien hindurch an die persische Grenze, durch die iranische Wüste über Pakistan nach Indien, ganz so wie es einige Hippies mit ihrem Bulli in der Flower-Power-Zeit taten. Nein, meine Haare sind längst nicht mehr lang, die Strände von Goa längst Touristen-Resorts, und im Übrigen gibt es hier in Asien keinen Versicherungsschutz für den Bulli. Also biegen wir doch an der ersten Abfahrt ab. Dort erreichen wir einen kleinen Park, in dem wir zusammen mit Liebespaaren, Familien mit kleinen Kindern und einer Gruppe von Schülerinnen auf schmalen Wegen zu einem Aussichtspunkt flanieren. Vor uns zieht unablässig eine Autokolonne wie ein Ameisenvolk über die große Hängebrücke, tief unter uns passieren Containerschiffe aus dem Schwarzen Meer die schmale Meerenge Richtung Mittelmeer.

Plötzlich dringt ein lautes Knattern vom Parkplatz herüber. Ein Dutzend schwarzvermummter Gestalten auf Motorrädern prescht mit Vollgas über die Parkwege auf die Aussichtsplattform zu, Spaziergänger flüchten panisch ins Gebüsch. Ein Terroranschlag an diesem strategisch so wichtigen Punkt? Nein, es ist die Motosiklet Polis, eine motorisierte Spezialeinheit der Istanbuler Polizei. Beim wöchentlichen Sicherheitscheck an der Brücke lassen die Jungs im Park schon mal ein bisschen den Macho heraus. Als Versöhnung gibt es für die Mädels ein Gruppenfoto gemeinsam mit den strammen Burschen. Einer von ihnen bietet mir eine Extrarunde durch den Park an. Mit einem Kavalierstart legt er mit nur dem Hinterrad am Boden los, legt sich in die Kurven wie bei einem Motorradrennen, wieder stieben Passanten erschrocken zur Seite, während ich mich irgendwie auf dem Rücksitz festkralle – alles für die deutsch-türkische Freundschaft!

Chaos wird zur Normalität

Die nächsten Tage lassen wir den Bulli in einem bewachten Parkhaus nahe unserem Quartier stehen. Die Innenstadt von Istanbul erläuft man am besten, denn Taxifahren wird durch den Dauerstau zur teuren Geduldsprobe. Vom Dorf geht es also zu Fuß die steilen Gassen in die Stadt hinunter Richtung Galata-Brücke. Der kalte Nordwind *poyras* weht vom Schwarzen Meer in den Bosporus hinein, doch das tangiert die Angler an der Uferpromenade überhaupt nicht. Seelenruhig stehen sie mit Eimer und Angel an der Wasserkante, völlig unberührt vom hektischen Puls der Stadt. Hinter ihnen tummeln sich am Fähranleger von Karaköy die Straßenverkäufer mit ihren Imbissständen: Wir testen fast alles: *simit* – die legendären Sesamkringel, *balik ekmek* – Brötchen mit gegrillten Makrelenfilets, *köfte* – pikant gewürzte Hackfleischbällchen mit Bulgur und *midye* – mit Reis gefüllte schwarze Miesmuscheln. In der faszinierenden kulinarischen Vielfalt spiegelt sich auch die unterschiedliche Herkunft der Menschen wider, die nach Istanbul zogen, um ihr Glück zu machen. New York steht nicht exemplarisch für die USA., Berlin nicht für Deutschland, aber Istanbul ist die Türkei plus all der Einflüsse aus den Winkeln des Osmanischen Reichs, das einst vom Balkan bis in den Jemen reichte.

Im Gewürzbasar jenseits der Galata-Brücke hinter der Neuen Moschee wird das Klischee vom Orient bedient: Safran, Rosenblätter und süße Verführungen. Hierher kommen die Touristen zum Shopping, ob in Shorts aus Mannheim oder vollverschleiert aus Mekka. Die türkischen Frauen jedoch gehen am Haupteingang des Basars vorbei und biegen um die Außenmauer herum, denn dort stapeln sich die regionalen Köstlichkeiten: goldener Honig und luft-

getrocknetes Rindfleisch, saftigste Melonen und feuerrote Chilipaste, Käselaibe und eingelegte Oliven. Jenseits eines verfallenen Innenhofs der alten Karawanserei beginnen die schmucklosen Wohnviertel der Religiösen, wohin viele anatolische Zuwanderer ziehen – wieder eine ganz andere Welt in Istanbul.

Wir könnten noch Wochen in Istanbul verbringen, um diesen irren Mikrokosmos weiter zu erforschen, aber da wartet noch eine große Reise quer durch Europa auf uns. Und ein rot-weißer Bulli, der die letzten Tage in Cihangir gut behütet in einer bewachten Parkgarage stand. Als wir beim Garagenpersonal die Standgebühr zahlen und losfahren wollen, erblicke ich über dem Kassenhäuschen das Konterfei von Staatsgründer Atatürk, ebenfalls ganz in Rot-Weiß gehalten. Das sollte zumindest bis zur griechischen Grenze ein gutes Omen sein!

Kiezatmosphäre »Sei wachsam!« lautet der Tipp der alten Dame in einer stillen Seitenstraße von Cihangir (linke Seite).

Der Gewürzbasar (Ägyptischer Basar) im Stadtteil Eminönü ist immer noch ein Stück purer Orient. Er liegt nahe der Galata-Brücke und beherbergt über 100 Geschäfte.

Am Ende des Goldenen Horns befindet sich die Neue Moschee (Yeni Cami) unweit der Galata-Brücke und des Gewürzbasars. Der Orient ist zum Greifen nahe, doch das Wetter ähnelt Ende März oft eher norddeutscher Tristesse.

Am Anleger von Karaköy Früher befuhr Adem als Seemann die Weltmeere, doch sein Chef zahlte ihn nicht aus, und so ist er seit fast einem Jahrzehnt an den steilen Gassen von Beyoglu mit seinem Müllkarren unterwegs (rechte Seite).

Hoch über Istanbul Ein märchenhafter Blick über den genuesischen Galata-Turm (vorne rechts), den Meeresarm des Goldenen Horns sowie die Gotteshäuser Hagia Sophia, Blaue Moschee und die Sultan-Ahmed-Moschee (nachfolgende Doppelseite).

>> *Wenn die Welt nur aus einem Land bestehen würde, wäre Istanbul davon die Hauptstadt.* <<

Napoleon Bonaparte bei seinem ersten Blick auf die Stadt

Ouranopolis
Kilometer 974 – Tag 10 bis 15

Auf dem heiligen Berg

Von Istanbul nach Athos

Die griechische Halbinsel Chalkidiki streckt drei »Finger« weit ins Ägäische Meer hinaus. Die nördlichste dieser schmalen Halbinseln ist Athos, eine seit über 1000 Jahren autonome Mönchsrepublik mit 21 Klöstern, die nach wie vor nur Männern Zutritt gewährt. Nur mit einer speziellen Genehmigung und per Fähre erreicht man diesen besonderen Ort der Spiritualität. Der Bulli musste draußen bleiben und wartete im Hafen von Ouranopolis.

Die letzten 50 Kilometer auf der türkischen Seite sind kein Spaß. Eine staubige Rumpelpiste führt durch ein paar schäbig wirkende Straßendörfer, die Landschaft könnte auch irgendwo tief in Anatolien liegen. Doch die baumlose Weite unter dem großen stahlblauen Himmel beeindruckt, das kakofonische Chaos von Istanbul scheint Lichtjahre entfernt. Auch am türkisch-griechischen Grenzübergang Ipsala ist nicht viel los, denn die Route für Gütertransporte Richtung Europa verläuft weiter nördlich direkt zur bulgarischen Grenze. Hier verläuft allerdings eine andere Route: Vor dem Grenzfluss Maritza soll ein über drei Meter hoher Maschendrahtzaun Flüchtlinge davon abhalten, nach Griechenland zu gelangen. Seitdem die 150 Kilometer lange Grenze zu Land stark bewacht wird, hat sich der Flüchtlingsstrom über die griechischen Inseln in der Ägäis verlagert.

250 Kilometer westlich von Istanbul fließt der türkisch-griechische Grenzfluss Meriç/Evros. Die Vorboten des Frühlings begrüßen uns, doch der Winter holt uns auf dem Balkan noch einige Male ein!

Die Störche und Reiher in den vom Frühjahrshochwasser überschwemmten Flussniederungen kümmern sich nicht um Grenzen, denn sie benutzen ihre eigenen Routen. Hinter der Talniederung taucht wie aus dem Nichts die kaum befahrene Autobahn nach Thessaloniki auf. Frisches Grün bedeckt die sanfte Hügellandschaft, und mittendrin liegen ein paar kleine Dörfer, aus denen ein weißes Minarett herausragt. Ist das Griechenland? Hier oben im Nordosten lebt seit Jahrhunderten eine türkische Minderheit zwischen dicht bewaldeten Bergen und dem Ägäischen Meer. In einem der Dörfer erfahren wir, dass es beim Bau eines neuen Minaretts Ärger mit der griechischen Provinzverwaltung gab – man wollte nicht, dass die Spitze des Gotteshauses von der Autobahn zu sehen sei. Nicht nett, aber ein marginales Problem im Vergleich zu dem Schicksal zigtausender Griechen, Armenier und Assyrer, die im 20. Jahrhundert aus der Türkei vertrieben worden sind …

Verschnaufpause auf der Insel

Nach der Mega-Metropole Istanbul wollen wir einen Gang herunterschalten und setzen mit der Fähre auf die Insel Thassos über. Die nördlichste Insel der Ägäis ist berühmt für ihren weißen Marmor, der hier seit über 2500 Jahren abgebaut wird. Die meisten Marmorskulpturen im Römischen Imperium, aber auch Teile des Kaaba-Heiligtums in Mekka entstanden aus Thassos-Marmor. Die heutigen Steinbrüche liegen im Nordosten der Insel inmitten von Kiefernwäldern verborgen, während sich die antiken Abbaustellen direkt am Meer bei Aliki im Süden der Insel befinden. Dort liegen am Strand immer noch Säulenfragmente aus der Antike herum, fast so als ob die Arbeiter gerade eben zur Mittagspause in die

Kantine gegangen wären. Das Meer türkisblau, das Land gespickt mit Tempelresten aus vorrömischer Zeit, die Märzluft mild und würzig – das ist der Süden! Als Zugabe ragt am Horizont der Heilige Berg Athos mit einer Neuschneekrone imposant aus dem Meer auf. Erinnerungen an meine erste Reise nach Athos im Jahr 2011 werden wach: Aufgrund von Problemen mit dem Kraftstoff kam die Fähre erst mit sechsstündiger Verspätung in der Mönchsrepublik an. Längst war es finster, als wir zu Fuß das Kloster Stavronikita und damit unser erstes Nachtquartier erreichten. Die Klosterpforte war wie üblich bereits bei Sonnenuntergang geschlossen worden. Plötzlich erschien ein Mönch in einer schwarzen Kutte und bat uns durch einen Nebeneingang ins Kloster hinein. Im Refektorium, dem klösterlichen Speisesaal, standen für uns späte Gäste Oliven, Brot, Suppe, Wein und Wasser bereit. Uralte Fresken schimmerten an der Gewölbedecke, spärlich angeleuchtet von einer Petroleumlampe – ein magischer Moment!

Genau diese Geschichte erzähle ich zwei Tage später einem Mönch, den wir an einer Tankstelle in Kavalla zufällig treffen. Paschalis, ganz von unserem Bulli begeistert, ist eigentlich nur ein halber Mönch, wie er mit einem charmanten Lächeln verrät: Die Hälfte des Jahres verbringt er in einem Kloster oben in den Bergen nahe der türkischen Grenze, die andere Hälfte bei seiner Familie an der Küste. Auf Athos habe er einen guten Freund, in zwei Tagen könne dieser die notwendige Besuchsgenehmigung, das Diamonitirion, für uns organisieren. Das klingt großartig, diesen Abstecher hatte ich überhaupt nicht eingeplant. Paschalis erhält von uns die nötigen Informationen, aber Skepsis bleibt trotz seiner sympathischen Erscheinung.

Der Ruf der Mönche

Mit dem Bulli steuern wir den Hafenort Ouranopolis auf der Halbinsel Chalkidiki an, denn nur von hier aus und nur per Schiff gelangt man in die über 1000 Jahre alte autonome Mönchsrepublik. Am Ortseingang stellen wir den Oldtimer auf dem Parkplatz zwischen chromblitzenden Geländewagen aus Russland und Serbien ab. Der Pilger von heute ist nicht zwangsläufig arm, und so lebt Ouranopolis gut vom Tourismus: An der Hauptstraße reiht sich ein Devotionalienladen an den nächsten. Unter den 20 orthodoxen Klöstern auf Athos weisen die griechischen und russischen Glaubensstätten den größten Zulauf auf. Allerdings erhalten täglich nur 300 Personen, darunter höchstens zehn nicht-orthodoxe Besucher, ein Visum für Athos.

Das gilt allerdings nur für Männer, Frauen ist der Zutritt bis heute verboten. Der Legende nach ging einst die Gottesmutter Maria auf ihrem Weg nach Zypern hier an Land. Sie war von der Schönheit des Ortes so hingerissen, dass Gott ihr daraufhin den Berg als Geschenk vermachte. Da dieser »Garten der Jungfrau Maria« nur der »reinsten aller Frauen« gewidmet ist, darf ihn – so die Mönche von Athos – keine andere Frau betreten. Sie sind die Verwalter im Namen Gottes, die ihre Liebe einzig und allein der auf Ikonen allgegenwärtigen Gottesmutter schenken. Selbst eine Forderung des EU-Parlaments nach Abschaffung des Frauenverbots prallte bei den Mönchen ab. Sie argumentierten mit über 1000 Jahre alten Schriftstücken aus Byzanz, die ihnen absolute Souveränität zugestehen.

Am nächsten Morgen liegt unsere Einreiseerlaubnis tatsächlich im Pilgerbüro abholbereit. Dutzende von Mönchen und Pilgern warten mit ihrem Gepäck bereits an der Hafenmole auf das Schiff *Agia*

Die Fahrt zur türkisch-griechischen Grenze ist ziemlich monoton. Da locken saftige Melonen am Straßenrand bei Tekirdag umso mehr: Tunc präsentiert stolz seine Qualitätsware aus dem fernen Adana.

Nur mit dem Boot gelangt »Mann« zu den Klöstern auf Athos, der Bulli bleibt im Hafen von Ouranopolis zurück. Das russisch-orthodoxe Kloster Pantaleimonos ist unter russischen Pilgern ein sehr beliebtes Ziel (rechte Seite).

Anna, die »Heilige Anna«, das uns nach Athos bringen soll. Nach einer halben Stunde Fahrt entlang der Küste tauchen die ersten Klöster auf, trutzige Glaubensburgen inmitten einer bukolischen Landschaft aus Olivenhainen, karstigen Felsen und dichten Wäldern aus Buchen und Esskastanien. Dreimal läuft das Schiff küstennahe Klöster an, bevor wir nach über zwei Stunden den Haupthafen Dafni erreichen. Hier beäugt der griechische Zoll die Neuankömmlinge, denn Athos ist steuerfreie Zone. Neben der griechischen Flagge weht die Fahne des byzantinischen Reichs, obwohl es bereits vor über einem halben Jahrtausend unterging. Hier beginnt die Zeitreise.

Aber wo steckt Paschalis' Freund, der uns mit dem Jeep abholen sollte? Haben wir uns etwa missverstanden? Auf Athos gelten nämlich noch die byzantinische Zeitrechnung und der alte julianische Kalender, der 13 Tage hinter dem gregorianischen hinterherhinkt. Hier wird der Tag wie im alten Byzanz vom Sonnenuntergang aus gezählt: 20 Uhr ist in den Klöstern null Uhr, auf Athos ist man bereits vier Stunden weiter!

Als sich der Pilgerstrom aufgelöst hat, nähert sich ein Mann, der keine Mönchskutte trägt und mit seinem zurückgebundenen ergrauten Haar so aussieht, als ob er auf seiner Harley-Davidson häufig mit seinen Kumpels zu einem Heavy-Metal-Festival fahren würde. Er spricht Deutsch und stellt sich als Theodosios vor. Wie er in seinem früheren Leben hieß, verrät er nicht, aber wir erfahren, dass er damals sein Physik- und Chemiestudium mit Auszeichnung abschloss. Doch dann entschied er sich gegen eine wissenschaftliche Karriere und schlug einen anderen Weg ein. Auf vielen Reisen

> » *Theodosios hatte mich vor Weihrauch auf nüchternen Magen gewarnt, davon seien selbst schon einige Mönche beim dreieinhalbstündigen Frühgottesdienst umgekippt.* «

Vollkommene Stille in der Nacht. Kein Autoverkehr, kein Fernseher, kein Telefon, keine grölenden Leute. Dann, um halb 5 Uhr morgens, ein archaisches Geräusch: Toktoktoktok hallt es durch die Klostergänge. Ein Mönch schlägt die Stundentrommel, ein längliches Stück Holz – der Weckruf für den 5-Uhr-Frühgottesdienst. Es ist noch dunkel, als die Klosterpforte für uns und andere Pilger geöffnet wird. Mönche in schwarzen Kutten huschen durch die Gewölbe, ein Hauch Ewigkeit liegt in der Luft. Theodosios hatte mich vor Weihrauch auf nüchternen Magen gewarnt, davon seien selbst schon einige Mönche beim dreieinhalbstündigen Frühgottesdienst umgekippt. Wir halten durch, fasziniert von dem tiefen Glaubensbekenntnis der Mönche, den uralten Gesängen und Gebeten.

Klosterleben ohne Klischee

Danach gibt es Kaffee und Kekse, denn in der Fastenzeit findet die erste Mahlzeit erst mittags statt: vegetarische Kost, einfach, aber frisch zubereitet. Allerdings herrscht strenge Ordnung beim Essen im Refektorium: Nachdem jeder seinen Platz eingenommen hat, schaufeln alle ihre Mahlzeit schnell in sich hinein, dazu wird aus den Schriften der Kirchenväter rezitiert. Für Genuss ist hier kein Platz. Nach 15 Minuten ertönt die Klingel des Abtes, und es geht wieder hinaus!

Der Abt teilt als Oberhaupt den 55 Mönchen auf Simonos Petras ihre Aufgaben zu: Der eine wird Koch, der andere Ikonenmaler, Gärtner, Bäcker oder Ingenieur. Einige der Mönche stammen aus dem theologischen Nachwuchs und haben nie ein weltliches Leben gelebt, was man oft auch an ihrem leicht entrückten Blick erkennt. Doch andere, wie Theodosios, haben zuvor teils viele Jahre lang ein ganz normales Leben geführt, bis schließlich ihr Entschluss reifte, ins Kloster nach Athos zu gehen. Da ist zum Beispiel Efrosinos, der Koch, der über zehn Jahre in Deutschland lebte, sein eigenes Restaurant in der Nähe von Mainz führte und bereits verlobt war. Da ist Isajas, der als Sohn chinesischer Eltern in der Schweiz aufwuchs und eine Banklehre bei der Credit Suisse begann, bis er merkte, dass ihn die Jagd nach Profit nicht erfüllte.

Theodosios ist der technische Leiter und verantwortlich für die Energieversorgung im Kloster. Da wundert es nicht, dass er außerhalb des Klosters in einem soliden Haus mit Bruchsteinmauern über den Generatoren wohnt. Simonos Petras versorgt sich selbst, im Winter über Wasserkraft, im Sommer über eine große Photovoltaikanlage oben in den Bergen. Hightech und jahrtausendealte Tradition sind auf Athos kein Widerspruch. Es gäbe noch viel mehr zu erzählen, beispielsweise von dem großen Brand im Jahr 1990, der

war er auf Sinnsuche, wollte Gott näher sein und fand sein Ziel schließlich auf Athos. Seit 1985 lebt er hier in der Mönchsgemeinschaft und bereut es bis heute nicht.

Hinter der Hafenzone steht sein schwarzer Land Rover, mit dem wir über staubige Pisten Kurve um Kurve zu seinem Kloster hochfahren. 300 Meter unter uns klatscht das türkisblaue Meer an die Felsen. Abrupt taucht hinter einer Biegung das Kloster Simonos Petras auf: Über zehn Stockwerke streckt es sich auf einem Felsen himmelwärts, gleicht fast einem buddhistischen Kloster hoch oben im Himalaya. Wir werden in den Gästetrakt geleitet und erhalten ein einfaches kleines Zimmer – aber mit welch einer Aussicht! Tief unter uns werkeln zwei Klostergärtner auf einem Terrassenfeld zwischen Salatbeeten und Gewächshaus. Von dort aus führt ein Kopfsteinpflasterpfad im Zickzack steil hinunter zum alten Schiffsanleger, der bis vor 25 Jahren die Hauptverbindung zur Außenwelt darstellte.

im gesamten Südteil von Athos wütete und um ein Haar das Kloster zerstört hätte. Aber auch von Spooky, Spookaki und Sprenkel, drei der über zwei Dutzend Katzen von Theodosios, über die er bereits Geschichten geschrieben hat.

Es war nur eine kurze Zeit auf Athos, aber sie erschien mir durch den gänzlich anderen klösterlichen Lebensrhythmus viel länger. Für einen Mönch wie Theodosios gibt es keinen Arbeitsstress. Er teilt sich die Zeit selbst ein, zahlt keine Miete, keine Kreditabzahlung, keine Steuern, hat keinen Ehestreit – einzig und allein die Liebe zu Christus zählt. Wer ist denn wirklich frei? Die vielen Menschen draußen, die nach materiellen Gütern streben, oder die Mönche hier drinnen? Für Theodosios ist das Leben auf Erden ohnehin nur eine Übergangsphase. Als Mönch bereitet man sich durch Gebete und Meditationen auf den Tod, auf die Heimkehr zu Gott, vor. In seinem irdischen Leben wird er auf Athos bleiben.

Der Mönch Theodosios holt mich mit seinem Land Rover im Hafen von Dafni ab. Erste Amtshandlung: Einen blinden Passagier aus der Motorhaube befreien (linke Seite)!

Zeitreise auf Athos Der Frühgottesdienst im Kloster Simonos Petras beginnt, vom Schlag der Stundentrommel angekündigt, bereits um 5 Uhr morgens und dauert in der von Weihrauch geschwängerten Luft bis zu dreieinhalb Stunden.

Das Kloster Simonos Petras scheint nicht mehr von dieser Welt zu stammen: Es thront wie ein Adlernest auf einem hohen Felsen 230 Meter über dem Ägäischen Meer und wurde bereits im 14. Jahrhundert gegründet. So eine Kulisse macht ehrfürchtig!

Vater Efthimios vor den Fresken am Eingang der Klosterkapelle

Am Südkap der Insel Thassos erreichen wir mit dem Bulli das Kloster des Erzengels Michael direkt am Rand der Steilküste. Am Horizont ragt der Heilige Berg Athos über 2000 Meter aus der Ägäis heraus (nachfolgende Doppelseite).

VON ISTANBUL NACH ATHOS

Merzani
Kilometer 2172 – Tag 18 bis 22

Kalter, wilder Winkel

Von der Zagori zur albanischen Grenze

Der Nordwesten Griechenlands ist eine wilde Schönheit fernab hektischer Städte und Massentourismus. Die erste Bewährungsprobe für den Bulli: 2500 Meter hohe Berge, tiefe Schluchten, uralte Steindörfer und enge, kurvenreiche Straßen prägen besonders die Region der Zagori nahe der albanischen Grenze – eine verwunschene Landschaft, in der die Zeit oft stillzustehen scheint.

Leise und stetig fällt der Schnee auf die Hochfläche, bedeckt das schüttere Gras und die Wacholderbüsche. Wie lange ist der schmale Trampelpfad noch zu sehen? Mit dem Griechenland-Klischee von sonnendurchfluteten Landschaften, weißgekalkten Häusern und türkisblauem Meer hat das hier überhaupt nichts zu tun. Unsere Wandertour ähnelt eher einer nordischen Trekkingtour im herbstlichen Lappland!

Eine Stunde zuvor starteten wir auf 1400 Meter Höhe in dem nur sporadisch bewohnten Gebirgsdorf Vradeto in Richtung Beloi, zum Aussichtspunkt auf die gewaltige Vikos-Schlucht. Die nasse Kälte lädt nicht zu einem Picknick in den Bergen ein, aber eigentlich ist die Winteratmosphäre perfekt für Fotos! Durch unübersichtliches Terrain mit Blockfeldern und Felsspalten erreichen wir schließlich Beloi, einen exponierten Naturbalkon hoch über dem Vikos-Canyon, der im Guinness-Buch der Rekorde als »tiefste Schlucht der Welt« gilt. Ein Schneeschauer zieht über die Himmelsbühne und verhüllt für ein paar Sekunden die lotrechten Abgründe – Caspar-David-Friedrich-Stimmung! Niemand außer uns ist weit und breit zu sehen. Leider auch kein Braunbär, von denen laut Einheimischen hier im Pindos-Gebirge mittlerweile wieder Dutzende leben.

Stunden später tuckern wir mit dem Bulli behutsam auf der schmalen Stichstraße wieder hinunter. Dichte Nebelschwaden ziehen über verschneite Almwiesen und dunkle Tannenwälder, die Scheiben beschlagen. Endlich erreichen wir wieder die Zivilisation und wärmen uns am Kaminfeuer in einer Taverne in Tsepelovo. So urwüchsig wie die verwunschene Landschaft, die Zagori – »hinter den Bergen« – genannt wird, sind die Dörfer, die sich an die Hänge klammern: Häuser aus naturgrauem Stein mit schiefergedeckten Dächern, dazwischen kleine Gärten und Innenhöfe, von vermoosten dicken Mauern umgeben. Viele halten die Zagori-Bergdörfer wegen ihrer architektonischen Einheitlichkeit für die schönsten in ganz Griechenland. Doch wie verdient man in dieser Bergidylle Geld?

Alle hier oben warten sehnsüchtig auf den Frühling, warten auf Gäste. Die Saison ist in den Bergen ohnehin kurz. Mit der griechischen Wirtschaftskrise bleiben auch noch viele Naturliebhaber aus Athen und Thessaloniki fern, weil das Geld fehlt. Und die ausländischen Touristen kennen Zagori entweder gar nicht oder wollen ohnehin nur am Strand abhängen. Wir wollen nicht an die Küste, sondern zunächst nach Konitsa, in das regionale Zentrum. Die kurvige Straße schlängelt sich durch menschenleere Berglandschaft abwärts, vorbei an uralten steinernen Bogenbrücken aus osmanischer Zeit und dichten, von Moos und Flechten überwucherten Laubwäldern.

Morgenstimmung in Tsepelovo Im Schritttempo zuckelt der Bulli durch die engen Gassen des größten der 46 steinernen Zagori-Gebirgsdörfer, das auf 1200 Höhenmetern liegt.

Die sympathische Kleinstadt liegt malerisch oberhalb der weiten Schwemmebene des Flusses Aoos, der sich aus einer tiefen Schlucht des Pindos-Gebirges zum nahen Albanien hin ergießt.

> *Aus Sydney, Vancouver oder Brooklyn reisen sie nach Konitsa, zurück in ihre alte Heimat. Am Ostersonntag spielt sich alles im Privaten ab …*

Es ist Ostersamstag, alles ist für den Einkauf zum Osterfest auf den Beinen. In einer kleinen Bäckerei traue ich meinen Augen nicht: Vollkornbrot! Dazu Käsestangen, Zimtkringel, Vanillekipferl, natürlich auch das traditionelle Osterbrot. Diese Vielfalt gibt es dank Lia, die mit ihrem Mann das Geschäft leitet. Die smarte Powerfrau mit dem akzentfreien Deutsch ist im Kölner Umland aufgewachsen, das Windecker Ländchen bezeichnet sie noch heute als ihre Heimat. Als sie 16 wurde, sind ihre Eltern wieder zurück nach Griechenland gezogen, sie musste mit.

Inzwischen liebt sie auch die Beschaulichkeit einer griechischen Kleinstadt, doch mindestens einmal pro Jahr fährt sie mit einer ihrer drei Töchter für längere Zeit nach Deutschland. Sie erzählt mir von der Wirtschaftskrise, die erst mit drei Jahren Verspätung auch die Provinz erreichte, weil anders als in den Städten viele Menschen auf dem Land zu einem großen Teil Selbstversorger sind. Als die 1000 albanischen Einwohner Konitsas, die einst vor der kommunistischen Diktatur ins nahe Griechenland flohen, wegen der Krise wieder zurück in ihr Mutterland zogen, war dies ein schwerer Schlag für die Region.

Dafür kommen zumindest über Ostern die ausländischen Verwandten zurück zu ihren Familien: Aus Sydney, Vancouver oder Brooklyn reisen sie nach Konitsa, zurück in ihre alte Heimat. Am Ostersonntag spielt sich alles im Privaten ab: Auf Balkonen, Terrassen oder in Innenhöfen stehen bereits am Vormittag die Männer am Grill und bereiten Lamm oder *kokoreç* zu. Diese Balkanspezialität aus gegrillten, kleingeschnittenen Lammdärmen ist gewöhnungsbedürftig, aber um der Gastfreundschaft willen probieren wir bei Lias Eltern das undefinierbare Stück und spülen schnell mit einem Raki nach …

Die Geistergrenze

Gegen Mittag verlassen wir Konitsa und fahren durch die Schwemmebene an Pfirsichplantagen und Olivenhainen vorbei zur nahen albanischen Grenze. Direkt vor der Grenze liegt hoch an einem Berghang Molivdoskepastos, ein winziges Dorf mit einem guten Dutzend uralter orthodoxer Kirchen und Kapellen. Hier, wo einst der byzantinische Reichsweg von Konstantinopel nach Rom vorbeiführte, existierte jahrhundertelang ein spirituelles Zentrum. Fast 50 Jahre lang war hinter Molivdoskepastos die Welt zu Ende, denn die Grenze wurde von albanischer Seite hermetisch abgeriegelt. Viele haben die Flucht aus dem einst kommunistischen Land mit ihrem Leben bezahlt. Die schmale Schneise mit dem früheren Kontrollweg zieht sich noch heute weithin sichtbar die Berghänge hoch.

Überall Landschaft pur, kaum Dörfer, zudem sind weder Autos noch Menschen unterwegs. Selbst die wenigen Tankstellen sind geschlossen, die Landschaft liegt wie ausgestorben in der milden Frühlingssonne. Auch der Grenzübergang Merzani wirkt völlig verwaist. Vor uns am Zollgebäude stehen fast 20 Autos, aber keine Menschenseele ist zu sehen. Sollte die Grenze am Ostersonntag etwa geschlossen sein? Wir klopfen mehrfach an der Eingangstür, rufen hinein, hupen, keine Reaktion. Nach mehreren Minuten erscheint plötzlich eine Frau in Zivil, offensichtlich verärgert, dass wir ihre Mittagsruhe gestört haben. Missmutig prüft

Osterfest in Konitsa Am Ostersonntag sind alle Griechen im Kreis ihrer Familien versammelt, um sich gegenseitig zu beschenken. Auch aus dem fernen Ausland kommt man in die alte Heimat zurück.

Die uralte Steinbogenbrücke Kokoros liegt im unteren Teil der Zagori und stammt noch aus osmanischer Zeit. Wie gut, dass hier für den Bulli eine neuere Brückenalternative existiert (rechte Seite)!

sie Ausweise und Fahrzeugpapiere, um auf einmal den Bulli und unser Gepäck genauer zu inspizieren.

Erst jetzt bemerken wir, dass die Wagen vor uns sich hier schon länger befinden und viele Reifen komplett platt sind. »Alles beschlagnahmte Autos von Schmugglern und Drogendealern, die wir hier in den letzten Monaten geschnappt haben«, erklärt uns die griechische Grenzbeamtin, deren Laune sich allmählich verbessert. Als sie das Okay zur Weiterfahrt gibt, erscheint ihr Kollege aus dem Gebäude, verschließt die Eingangstür und schlendert mit ihr an den Schmugglerautos vorbei zum Duty Free Shop, 500 Meter entfernt im Niemandsland. Wir rangieren den Bulli erst einmal rückwärts um die Sperre aus konfiszierten Autos herum. Als wir die beiden Beamten auf dem riesigen leeren Parkplatz passieren, ruft uns der Mann in strengem Ton zu: »No pictures. This is a dead zone!« Vor 25 Jahren hätte das hier noch für Albaner gegolten, die ihrem Land entfliehen wollten – heute gilt es am Grenzübergang nur noch für die ausgestorbene Stimmung an einem griechischen Ostersonntag.

Auf dem Dorfplatz von Tsepelovo mit seinem faszinierenden Ensemble aus Steinhäusern gibt es für den Bulli keine Parkplatzprobleme – Anfang April lässt sich hier in der Kälte noch kein Tourist blicken.

Auf einsamen Pisten in der Zagori Neuschnee im April – im wilden Nordwesten Griechenlands nichts Ungewöhnliches (rechte Seite)!

Beloi, den phänomenalen Aussichtsbalkon auf die 900 Meter tiefe Vikos-Schlucht in der Zagori erreichten wir nach einer Stunde Fußmarsch durch Neuschnee und Heidelandschaft. Der Canyon gilt laut Guinness-Buch der Rekorde als »tiefste Schlucht der Welt« in Bezug auf seine geringe Breite von 1000 Metern (nachfolgende Doppelseite).

VON DER ZAGORI ZUR ALBANISCHEN GRENZE 43

Tepeleme
Kilometer 2279 – Tag 22 bis 23

Bunker, Benz und Bundesliga

Von der griechischen Grenze bis nach Tepeleme

Albanien hatte sich während der kommunistischen Ära fast ein halbes Jahrhundert komplett von der Außenwelt abgeschottet. Auch 25 Jahre nach der Öffnung ist eine Reise durch das gebirgige Balkanland besonders abseits der Hauptstraßen ziemlich abenteuerlich – genau das richtige Terrain für den Bulli auf seiner Reise durch Europa!

Der albanische Grenzbeamte deutet auf mein Autokennzeichen und fragt: »PB – is this Paderborn?« Eben noch passierten wir hinter dem Grenzfluss die alten Bunker mit ihren Schießscharten, Relikte einer dunklen, aber noch recht nahen Ära: Albanien hatte sich als kommunistisch-orthodoxer Staat wie ein eigener Planet fast ein halbes Jahrhundert bis 1990 vom Rest der Welt abgekapselt. So rechne ich mit einer besonders gründlichen Kontrolle – von wegen! Seitdem der albanische Fußballer Alban Meha maßgeblich am kurzen Paderborner Fußballwunder mitgewirkt hat, kennt jeder zweite Albaner die Stadt im entfernten Ostwestfalen – Fußball verbindet weltweit. Wir fachsimpeln noch zehn Minuten über Bayern München und den FC St. Pauli – am Ostersonntag kommt sowieso kein Auto aus Griechenland mehr rüber –, dann winkt uns der Zöllner in seinem winzigen Kontrollhäuschen mit einer netten Geste durch, ohne auch nur einen Blick auf die Autozulassung oder unsere Pässe geworfen zu haben …

Die Küstenstraße zwischen Saranda und Vlora schlängelt sich kurvenreich am Ionischen Meer entlang. Aus dem kargen Boden ragen Pinien, aber auch ehemalige Bunker aus der kommunistischen Ära Albaniens.

Hinter der Grenze schwebt unser Bulli über eine geschmeidige neue Asphaltstraße, die überhaupt nicht in die archaische Landschaft passen will. Doch das EU-Füllhorn langte offensichtlich nur für wenige Kilometer, dann beginnt das Hier und Jetzt: eine schmale, kurvige Holperpiste, gespickt mit kindskopfgroßen Schlaglöchern. Nun passt die Straße jedenfalls zur wilden Landschaft! Das Schmelzwasser der nordgriechischen Berge lässt die Vjosa zum reißenden Fluss anschwellen, auf beiden Seiten ragen schneebedeckte 2000er-Gipfel in den wolkenlosen Himmel. Hoch oben an den Steilhängen kleben zeitverloren kleine Weiler, scheinbar vom Rest der Welt vergessen, aus ihrer Mitte ragen vereinzelt schlanke Minarette wie weiße Mikadostäbe heraus.

Wenig Verkehr, viele Gefahren

Wir passen uns dem Rhythmus der Landschaft an und zuckeln mit Tempo 30 weiter ins Landesinnere. Bis nach Permet, der ersten Kleinstadt, sind es 60 Kilometer. Bis dahin begegnen uns genau drei Autos: Der erste Fahrer transportiert mit seinem Kleinwagen einen Polstersessel auf dem Autodach, der zweite hält an und will uns den Bulli sofort abkaufen – er habe als Autohändler auch schon von Paderborn aus Autos nach Albanien überführt – und der dritte rauscht in einer unübersichtlichen Kurve mit Vollgas an uns vorbei. Man hatte mich schon im Vorfeld vor dem Kamikaze-Fahrstil vieler Albaner gewarnt. Das Risiko, im Straßenverkehr tödlich zu verunglücken, ist trotz der geringen Verkehrsdichte viermal so hoch wie in Deutschland. So säumen Gedenksteine für die Verkehrstoten die Landstraßen, geschmückt mit Porträtfotos – meistens junge Männer, oft kaum dem Teenageralter entwachsen. Eigentümlich ernst wirkt ihr Blick, als ob sie bereits zuvor im Fotostudio ihr baldiges

> *» PB – is this Paderborn? Das fragt mich der albanische Grenzbeamte und deutet auf das Autokennzeichen. «*

Schicksal erahnt hätten. Ob hier noch jemand zu ihrem Gedenken anhält? Die beigefügten Plastikblumen sind längst von der südlichen Sonne vergilbt.

Auch wenn die Berglandschaft von Weitem erhaben und friedlich wirkt, die jüngere Geschichte Südalbaniens ist dennoch vom Krieg geprägt: Die Kleinstadt Permet wurde nach dem italienischen Einmarsch 1940 zunächst von griechischen Truppen eingenommen, danach mehrmals von der italienischen Armee und der deutschen Wehrmacht niedergebrannt. Ab 1943 formierte sich hier und in den umliegenden Bergen der kommunistische Widerstand, aus dem Enver Hoxha später als jahrzehntelanger absolutistischer Machthaber Albaniens hervorging. Als 1990 auch in Albanien das kommunistische Regime zerbrach, wusste kaum jemand, wie Demokratie und Pluralismus aussehen sollten – schließlich hatte Albanien bis ins frühe 20. Jahrhundert fast 500 Jahre lang unter türkischer Herrschaft gestanden. In den postkommunistischen Wirren versuchte jeder sein Glück, aber viele wurden Opfer von Betrügern, die ihnen mit Hilfe eines Pyramidensystems nach Art der Kettenbriefe enorme Zinssätze versprachen. Als die Pyramidenfirmen im Frühjahr 1997 Insolvenz anmeldeten, verloren unzählige Albaner ihr ganzes Vermögen. Der Volkszorn auf das mafiöse Geflecht aus organisierter Kriminalität, Firmen und Politik entlud sich im sogenannten Lotterieaufstand, bei dem über 1000 Menschen ums Leben kamen. Die öffentliche Ordnung brach total zusammen, und in den abgelegenen Teilen Südalbaniens, wie in der Region um Permet, konnte sich der Staat erst nach Jahren wieder etablieren.

Als wir mit dem Bulli durch die Kleinstadt tuckern, wirkt sie an diesem Ostersonntag fast ausgestorben. Ein paar Männer hocken in kleinen Grüppchen gelangweilt am Straßenrand, fast alle Läden sind geschlossen, doch anders als in Griechenland ist immerhin die örtliche Tankstelle geöffnet. Neben den Zapfsäulen steht eine Handvoll mit Benzin aufgefüllter Schraubgefäße. Der kümmerliche Treibstoffrest? Nein, eine Pumpe funktioniert auch am Ostersonntag, aber dafür entpuppt sich die in großen Lettern angepriesene Kreditkartenbezahlung als Wunschtraum. »In zwei Wochen funktioniert es!«, erklärt uns Triton, der junge Tankwart. Auf unserer Tour durch Albanien hören wir genau diese Antwort noch einige Male in den nächsten Tagen. Zum Glück haben wir etwas Bargeld dabei …

Hotelsuche in der albanischen Provinz

Mit der neuen Tankfüllung wollen wir noch Tepeleme erreichen, das talabwärts bereits an der Hauptstraße gen Norden liegt. Hinter Permet verengt sich das Tal der Vjosa zu einem beeindruckenden Canyon. Irgendwelche Leitplanken zwischen Straße und Schlucht? Fehlanzeige, dafür jedoch Gedenksteine in besonders hoher Konzentration. Die Dämmerung beginnt hier unten früh, schnell ist es finster, weder Häuser noch Straßenlampen erhellen die stockdunkle Nacht. Vor uns rauscht ein voll beladener Sattelschlepper über eine

Die albanische Verkehrspolizei ist für ihre häufigen Kontrollen berüchtigt. Hier gilt auch: Bitte keine witzige Bemerkung!

Die antike Stätte Butrint liegt strategisch günstig an einer Lagune unweit der heutigen Grenze zu Griechenland. Die erste Besiedlung begann vor etwa 3000 Jahren (rechte Seite oben). Gedenkstein für Verkehrsopfer in den südalbanischen Bergen. Albanien ist schön, aber auf seinen Straßen verdammt gefährlich (unten links). Auf albanischen Straßen wird viel improvisiert. Was sagt die strenge Verkehrspolizei dazu (unten rechts)?

VON DER GRIECHISCHEN GRENZE BIS NACH TEPELEME 49

klapprige Stahlgerüstbrücke. Die Brücke ächzt und quietscht unter seiner enormen Last, doch die zulässige Tragkraft interessiert niemanden. Endlich tauchen in der Ferne die Lichter von Tepeleme auf, wir fragen uns durch und landen zu später Stunde in einem schmucklosen Hotelklotz am Ortsausgang neben einer Tankstelle. Die Rezeption befindet sich in einer Lounge Bar, wir betreten eine in violettes Licht getauchte Welt: Eine Handvoll junger Männer mit kurzgeschorenen Schädeln, reichlich Bizeps und Ballonseide am Körper palavert in dicken Ledersesseln über irgendwelche obskuren Geschäfte, auf einem Großbildschirm flimmert ein Fußballspiel, aus den Lautsprecherboxen erschallt südalbanische Popfolklore: schmachtende Männerstimmen, von einer Laute und einer Klarinette begleitet. Balkan trifft auf Orient, wir sind plötzlich die beäugten Exoten.

Mich durchzuckt ein Déjà-vu: Anfang der 1990er-Jahre durchstreifte ich Sankt Petersburg in seinen berühmten weißen Nächten. Auf der Suche nach einem Restaurant gerieten meine russische Begleitung und ich weit nach Mitternacht in ein Lokal, das ganz offensichtlich ein Treffpunkt der Mafia-Szene war. Die gleichen Typen in ihrer Trainingskluft, die gleichen misstrauischen Blicke, weil sie sich offensichtlich bei ihrer »Arbeit« gestört fühlten …

Nächtlicher Nervenkitzel

Wir beziehen unsere Zimmer in den oberen Stockwerken, aber irgendwie beschleicht mich ein ungutes Gefühl. Einige der muskelschweren Jungs haben sich offensichtlich auch im Hotel einquartiert und sind noch stundenlang auf der Etage zu hören, ein paar andere scharwenzeln um die vor dem Eingang geparkten Autos herum. Dort steht auch mein Bulli, von der benachbarten Tankstelle schön angeleuchtet, es gab einfach keinen anderen Abstellplatz.

Die Nacht ist kurz und fragmentiert. Immer wieder schiebe ich die Gardine beiseite, schaue hinunter auf den Bulli, der mit ein, zwei Handgriffen im Nu zu knacken wäre. Oder noch schlimmer: Motor kurzschließen und los, das wäre kein Kunststück. Morgens um vier Uhr schaue ich schlaftrunken noch einmal aus dem Fenster. Der Bulli steht zwar unangetastet zwischen einigen Limousinen, aber ganz in der Nähe hängen immer noch ein paar zwielichtige Typen herum! Doch plötzlich dämmert mir, dass die Balkan-Mafiosi dort unten ganz andere Prioritäten haben: Sie bewundern lautstark einen Mercedes mit getönten Scheiben und weißen Breitwandreifen – sie fahren auf Hummer, Porsche Cayenne oder einen fetten Benz ab, aber doch nicht auf einen Oldtimer mit lächerlichen 44 PS!

Das Historische Nationalmuseum in Tirana Das Mosaik im Stil des sozialistischen Realismus erinnert noch an die alten Geister aus der kommunistischen Ära (linke Seite oben).

An der Hotelrezeption des »Bahamas« in Saranda ist der Westen omnipräsent: *Stars and stripes*, aber vor allem der Stern des Mercedes Benz sind beliebt (linke Seite unten).

Der Skanderbeg-Platz im Zentrum von Tirana ist ein Architekturchaos. Hinter dem Denkmal für den Nationalhelden, der das Land im 15. Jahrhundert gegen die Osmanen verteidigte, liegen die zentrale Moschee, postmoderne Hochhäuser und Verwaltungsgebäude aus der Mussolini-Ära.

An der Lagune von Butrint ist die offizielle Fähre wegen Motorschadens ausgefallen, also wird improvisiert (nachfolgende Doppelseite).

Lëpushë
Kilometer 2841 – Tag 24 bis 26

Bei den Berggöttern

Von Shkodra nach Lëpushë

Im Norden Albaniens liegt an der Grenze zu Montenegro die schwer zugängliche Gebirgsregion des Kelmend. Hier existiert eine einzigartige Gastfreundschaft bei den Bauernfamilien, die zum großen Teil fast autark leben. Doch haben sich bis in die heutige Zeit in der Bergregion auch noch Clanstrukturen und archaische Riten, wie die Blutrache, gehalten. Der Bulli wird nicht den Schlaglochpisten geopfert.

Kurz vor fünf Uhr morgens dröhnt eine vielfach verstärkte Lautsprecherstimme durch den Äther und reißt mich aus dem Schlaf. Die Nacht war ohnehin zu kurz im Rozafa, dem einst besten Hotel in Shkodra während der kommunistischen Ära. In der Lobby sieht es immer noch ein bisschen aus wie in Ostberlin oder Moskau in den 1980er-Jahren. Doch ab der fünften Etage ist es mit dem sozialistischen Glanz vorbei. Das Treppengeländer ist abmontiert, die Stockwerke befinden sich in einer Art Dämmerzustand zwischen Baustelle und Ruine. Früher gingen Parteifunktionäre und Kader im Hotel ein und aus, nun übernachteten außer uns nur ein paar Dutzend europäischer Boxjunioren. Bis nach Mitternacht hallten ihre Trippelschritte auf dem Gang, sie wollten für den Kampf am nächsten Tag fit sein und hatten keinen Trainingsraum. Die Boxer am späten Abend, der Muezzin in der Frühe. Ich verstehe kein Wort – die Gläubigen wohl auch nicht, denn sie sprechen nicht Arabisch –, aber die tiefe Passion und Inbrunst in der Stimme dieses Predigers faszinieren mich trotz aller Müdigkeit. Irgendwo aus der Ferne bellen Hunde in die Stille zwischen den Gebetsstrophen. Kein Autolärm durchbricht die morgendliche Andacht, Zeitlosigkeit schwebt über der Stadt, während der Morgenhimmel sich über den nordalbanischen Bergen rosa färbt.

In die albanischen Alpen

Dorthin wollen wir mit dem Bulli fahren, ins Kelmend, eine wilde Bergregion an der Grenze zu Montenegro. Als wir drei Stunden später Shkodra verlassen, ist die halbe Stadt auf den Beinen. Auf der zentralen Kreuzung zwischen dem Rozafa und der Moschee versucht ein Verkehrspolizist verzweifelt, das Chaos aus Kleinlastern, PKWs, Mopeds, Radfahrern und Passanten zu ordnen. Seine übergroße Schirmmütze und die rote Kelle verhelfen ihm nicht zu sichtbarer Autorität. Wir schlängeln uns durch den wabernden Verkehr zu den Marktständen an der Ausfallstraße Richtung Norden. Dort fasert die Stadt mit Autowerkstätten, schnell errichteten Geschäften und Tankstellen in fruchtbares Schwemmland aus. Wir passieren Äcker und Obstplantagen, auf beiden Straßenseiten unterbrochen von protzigen Villen. Die uniformen Häuser sind Zeichen eines neuen Wohlstands, aber auch Ausdruck der Heimatlosigkeit von Menschen, die meistens gar nicht hier wohnen: Unzählige Albaner arbeiten im Ausland und nutzen ihre Kitschpaläste nur sporadisch als Wohnsitz in der alten Heimat.

Kurz vor der Grenze zu Montenegro biegen wir ins Bergland ab. Eine nagelneue Asphaltstraße windet sich über eine Passhöhe

Im Kelmend nahe der Grenze zu Montenegro wird die Schotterpiste über den Pass Richtung Vermosh-Tal immer abenteuerlicher. Im Schritttempo zuckeln wir mit dem Bulli durch die Berge – Entschleunigung pur!

und dann in Serpentinen hinunter in das tief eingeschnittene Cem-Tal. Hier beginnt die Gebirgsregion des Kelmend und damit eine andere Welt. Umrahmt von monumentalen Karstwänden duckt sich unten im Tal eine Handvoll Häuser inmitten mühsam der Natur abgerungener Gärten. Graue Feldsteinmauern schützen Weinreben, Granatapfel- und Feigenbäume, Stechpalmen und uralte Eichen. Kurz dahinter hört der Asphalt auf, die Schotterpiste zieht sich in eine wüstenhafte Schlucht, durch die wie in einer biblischen Szene ein Hirte seine Ziegenherde treibt.

Die abgeschiedene Lage des Kelmend kam früher den Menschen oft zugute: Über Jahrhunderte diente es in der osmanischen Zeit als Zufluchtsort gläubiger Katholiken. Während der kommunistischen Ära konnten die Machthaber in Tirana die Gebirgsbewohner nur schlecht kontrollieren. Manchmal waren sie im Winter fünf Monate lang durch die Schneemassen von der Außenwelt abgeschnitten, in Notfällen kamen Helikopter zur Versorgung über die Berge. Man kam zwar nicht weg, aber es ging den Bauern als Selbstversorger besser als den meisten im übrigen Land.

In Selce, dem nächsten Dorf, ist an einer Baustelle für uns erst einmal Schluss: Ein Bagger wühlt sich durch einen Steilhang, dahinter werden Sprengungen vorbereitet, wir warten mit dem Bulli fast den ganzen Nachmittag. So haben wir Zeit und entdecken weitere

Die Gebirgspiste nach Lëpushë wird verbreitert: Vier Stunden Wartezeit vor der Baustelle, aber immerhin die Pole Position für den Bulli!

Der albanische Traum ist auch für Fatjom aus Tamare kein Bulli, sondern ein Mercedes Benz (rechts oben).

Albanische »Bergstation« auf 1300 Meter Höhe bei Lëpushë – leider geschlossen (rechts unten)!

Gedenktafeln am Rand der Piste: Unterhalb der Baustelle hat sich ein 15-jähriger ohne Führerschein mit dem Audi Quattro seines Vaters in die Schlucht gestürzt, ein anderer wurde vom Schlag tödlich getroffen, als er die lokale Stromleitung zum Fischen in einen Fluss ableitete – die guten Geister sind nicht ständig präsent.

> » *Manchmal waren sie im Winter fünf Monate lang durch die Schneemassen von der Außenwelt abgeschnitten.* «

Uralte Mythen

Hier im Gebirge heißen sie Oren, feengleiche Schutzengel, von denen jeder Mensch einen besitzt. Die Fee hat eine weiße Gestalt, wenn der Mensch gut ist, eine schwarze, wenn er Böses tut. Die ganze nordalbanische Bergwelt steckt voller Mythen und Legenden von Riesen, Dämonen und Flussnymphen. Die Kore ist eine kinderfressende Dämonin, die zu Ostern symbolisch verbrannt wird, der Lugat ein vampirähnlicher Riese, der bei Mondfinsternis den Mond zu verschlingen versucht, der Jinn die Seele eines Verstorbenen, die nicht zu Ruhe kommt und gefährlich werden kann. Besonders präsent sind im Volksglauben bis heute die Zanen. Diese elfengleichen Wesen, die in Bergregionen an Flüssen und Seen leben, nachts tanzen, singen und nackt baden, können Menschen beschützen. Wenn man sie heimlich beim Nacktbaden beobachtet, können sie allerdings auch bösartig werden und den Störenfried erschlagen. Deswegen soll man unterwegs in den Bergen nahe Quellen oder Bachläufen erst einmal deutlich husten, damit sich die Zanen rechtzeitig verstecken können …

An der Baustelle müssen wir die Feen nicht mehr warnen, denn die Detonationen am Steilhang haben sie längst vertrieben. Nach fünf Stunden ist die Engstelle endlich wieder freigegeben, doch talaufwärts wird die Schotterpiste immer schlechter: Große Steinblöcke von den Steilwänden liegen kreuz und quer im Weg, tiefe Schlaglöcher und Spurrinnen lassen nur noch Schritttempo zu. Hinter uns drängelt ein lokaler 4x4-Minibus. Eine Weiterfahrt würde den Bulli komplett ruinieren, deshalb stellen wir den Wagen nach Absprache bei einem Bauern auf dessen Wiese ab und zwängen uns in das vollbesetzte Sammeltaxi, das über den Pass bis ins Vermosh-Tal zuckelt.

Oben am Pass empfängt uns Luigi. Sein nahe gelegenes Gästehaus hatten wir für zwei Nächte gebucht, doch hier in Lëpushë herrscht auf 1300 Meter Höhe noch tiefer Winter. Dabei erzählte er uns im Vorfeld etwas von Almwiesen … Jetzt stellt sich heraus, dass die Zufahrt zum Haus überhaupt noch nicht geräumt wurde. Zu Fuß mit all dem Gepäck den vereisten Steilhang hinunter? Nein, wir entscheiden uns, mit Luigi und seinem Jeep zurückzufahren und ein Stück tiefer beim nächsten Bauern nach einer Unterkunft zu fragen.

Es dämmert bereits, als wir an die Tür des Hofes klopfen. In den folgenden Stunden erhalten wir eine Lektion in albanischer Gastfreundschaft. Sie beginnt mit einigen Runden selbstgebrannten Raki. Nosh, das Familienoberhaupt, prostet uns in der guten Stube zu, während seine Frau Lule mit ihren drei Töchtern in der Küche ein großes Mahl vorbereitet: köstlichen Joghurt, Hühnchen mit Reis, Geräuchertes, Käse und Salat – nichts aus dem Supermarkt, hier oben in den Bergen sind fast alle Kleinbauern zu einem hohen Grad Selbstversorger. Die Familie besitzt 20 Schafe, ein paar Kühe, Schweine sowie ein Dutzend Hühner.

Gastfreundschaft und Blutrache

Die große Bedeutung der Gastfreundschaft in den nordalbanischen Bergen ist im Kanun festgehalten. Dieses seit Jahrhunderten mündlich überlieferte Recht beinhaltet auch die alte patriarchalische Clanstruktur sowie die Begriffe von Ehre, Ehrverletzung und Blutrache und hat sich bis in die heutige Zeit in einigen Gebirgstälern gehalten: Der Gast ist unter allen Umständen zu ehren! Wenn ihm etwas Schlechtes im Haus des Gastgebers passiert, ist der Hausherr in seiner Ehre verletzt und notfalls sogar zur Blutrache verpflichtet. Jenseits des Bergkamms im Tal von Thethi steht noch eine Kulla, ein alter Wohnturm, in den sich früher ein von der Blutrache bedrohter Mann einsperren lassen konnte und damit zunächst geschützt war.

Der archaische Codex lässt aber auch einen Schiedsrichter zu, der zwischen den befeindeten Familienclans vermittelt. Dabei ging es von Frauenraub – alle Ehen waren von den Eltern arrangiert – bis zur Nutzung von Alpweiden und Passübergängen im Sommer. Der Kanun spiegelt die harten Lebensverhältnisse in einer Berglandschaft wider, die von den Städtern meist nur als romantisches Paradies verklärt wird. Der Blutracheturm in Thethi wird längst nicht mehr genutzt, aber die alte patriarchalische Struktur ist lebendig: Vater und Sohn sitzen mit uns plaudernd in der guten Stube, während die Hausherrin und ihre drei Töchter uns die Mahlzeiten servieren und im Hintergrund bleiben. Weit nach Mitternacht wird uns ein Zimmer mit drei Betten zugewiesen, das die Familie extra für uns geräumt hat.

Am nächsten Morgen erlebe ich, wie schnell das traditionelle Rollenbild aufbrechen kann: Josefina, die jüngste Tochter, fragt mich, ob sie mit mir Deutsch sprechen könne! Mitten in den unwegsamen nordalbanischen Bergen steht vor mir ein 16-jähriges Mädchen, das sich ganz alleine eine Fremdsprache angeeignet hat – nur über den Fernseher. Der Teenager zählt mir seine Lernhilfen auf: Deutsche Welle, Super RTL, Kika, Nickelodeon … Im Alter von zehn Jahren hatte sie die Eingebung, Deutsch zu lernen: »Gott hat mir geholfen!« Vielleicht war es aber auch eine der Elfen aus dem nahen Gebirge, die junge Talente unterstützt …

Oben in Lëpushë leuchtet uns ein atemberaubendes Alpenpanorama entgegen – ein Wanderparadies im Sommer und Herbst.

Außer Luigi bieten auch einige andere Bauern bereits Unterkünfte an, aber was machen die Menschen im langen Winter? Diese Frage beantwortet mir Aleks, den ich nahe der alten Mühle treffe. Der gutaussehende Endvierziger lebt in einem alten Bauernhof mit sechs Frauen zusammen: seiner Mutter, seiner Frau und den vier bildhübschen Töchtern. Eine weitere Tochter lebt mit ihrem Mann in der New Yorker Bronx. Ihr Bild hängt an der Wand neben dem Marienbild und der Jesusfigur. Aleks freut sich, dass seit Kurzem Touristen in seine Heimat kommen, aber das Leben bleibt hart in der Bergregion: Die Straße ist immer noch katastrophal, es gibt keinen Mobilnetzempfang, oft keinen Strom und vor allem für die jungen Leute keine guten Jobs. So sieht er für seine Töchter nur eine Zukunft im Ausland.

Exodus aus den Bergen

Hunderte von jungen Albanern haben in den letzten Jahren das Kelmend verlassen. Für fast alle heißt das Ziel New York. Und so telefonieren die Zurückgebliebenen besonders im Winter, wenn es wenig Abwechslung gibt, mit ihren Verwandten in der großen albanischen Community der New Yorker Bronx.

Ein paar Monate später erfahre ich, dass zwei weitere Töchter von Aleks beim Versuch, illegal in die USA zu gelangen, in Costa Rica während eines Zwischenstopps festgenommen wurden. Ein albanisches Schleppernetzwerk hatte die beiden Teenager für 30 000 Dollar pro Person mit gefälschten Papieren und Tickets nach Mexiko ausgestattet. Meist bringen Verwandte in den USA das Geld auf, das ein Flüchtling nach erfolgreicher Einreise über Jahre wieder abzahlen muss. Aleks hofft, dass seine Töchter bald entlassen werden und sie Mexiko erreichen. Auf dem wegen der Drogenbanden gefährlichsten letzten Teilstück warten bereits Schlepper, die sie nachts an den Grenzfluss Rio Grande geleiten. Bei der ältesten Tochter ging es drei Jahre zuvor gut aus: Sie war von den Strapazen so erschöpft, dass sie in Texas in ein Krankenhaus eingeliefert wurde, aber danach direkt ins gelobte Land gelangte. Ihr Mann hingegen wurde von US-Sheriffs an der Grenze festgenommen und musste mit weiteren 10 000 US-Dollar erst aus dem Gefängnis freigekauft werden. Die Nachricht aus Nordalbanien macht mich wütend und traurig zugleich: Warum ist es mitten in Europa mit all seinem EU-Geld nicht möglich, den Menschen in ihrer Heimat eine Perspektive zu eröffnen?

Gastfreundschaft hat im Kelmend einen ganz hohen Stellenwert – der Raki-Schnaps ist immer dabei (linke Seite)!

Drei Generationen leben unter einem Dach – auf den Bauernhöfen im Kelmend auch heute noch keine Seltenheit.

VON SHKODRA NACH LËPUSHË

Gehöft bei Gropat i Selce Erst Mitte April zieht der Frühling in die nordalbanischen Bergtäler des Kelmend.

Josefina hat sich die deutsche Sprache durch Fernsehsendungen selbst beigebracht.

Frühjahrsaussaat auf den kargen Äckern bei Nikč in den bis über 2500 Meter hohen nordalbanischen Bergen – hier hat sich seit Generationen kaum etwas verändert.

> *Der liebe Gott schenkt die Nüsse,*
> *aber er knackt sie nicht.*

Albanisches Sprichwort

Blagaj
Kilometer 4023 – Tag 27 bis 32

Balkan-Bulli-Beat

Von Podgorica nach Mostar

Montenegro und Bosnien: Dichte Wälder, öde Karsthochflächen, tiefe Schluchten. Wir fahren mit dem Bulli über spektakuläre Routen durch Neuschnee und unbeleuchtete Tunnel. Und mittendrin liegt Sarajevo, eine Mischung aus Wien und Istanbul – eine Stadt, in der das Attentat auf den österreichischen Thronfolger den Ersten Weltkrieg auslöste und die drei Jahre lang von serbischen Truppen im jugoslawischen Bürgerkrieg belagert wurde.

Montenegro klingt etwas nach Bananenrepublik. Es hätte auch die passende Größe, halb so groß wie El Salvador, sogar kleiner als Schleswig-Holstein. Auf Serbokroatisch heißt das Land Crna Gora, was auch »Schwarzwald« bedeuten kann und eine weitaus treffendere Bezeichnung ist. Denn ein Großteil der seit 2006 von Serbien unabhängigen Republik besteht nicht aus mediterranen Buchten wie der von Kotor, sondern aus dicht bewaldetem, von tiefen Canyons durchschnittenem Bergland.

Davon ist zunächst nichts zu sehen. Hinter der albanischen Grenze schlängelt sich die Europastraße 762 an den sumpfigen Ufern des geschützten Skutaris-Sees in Richtung Hauptstadt Podgorica. Irgendwo im Schwemmland halten wir an, weil ich einen Gedenkstein für das Opfer eines Verkehrsunfalls am Straßenrand fotografieren möchte. Ich laufe die 200 Meter zum Mahnmal zurück.

Montenegros Tunnel sind nichts für schwache Nerven. Die im Winter gesperrte Bergstraße durch den Durmitor-Nationalpark hinunter in die Piva-Schlucht ist ein besonderes High- und Lowlight!

Plötzlich hält ein Auto direkt neben dem Bulli mitten auf der Fahrbahn, ein Mann steigt aus, geht um den Bulli herum und öffnet die Beifahrertür. Mein Assistent Philipp auf dem Fahrersitz blickt jedoch völlig ungerührt aus dem Seitenfenster in das neben ihm auf der Straße parkende Auto! Was läuft da vorne ab? Während sich ein entgegenkommender Holzlaster abmüht, den Falschparker über das verschlammte Seitenbankett zu passieren, bemerkt der Trickdieb, wie ich mich im Laufschritt nähere. Er gibt vor, Bulli-Fan zu sein, und schlendert mit Unschuldsmiene zurück zu seinem Auto. Da erkenne ich den Grund für Philipps Linksdrall: Auf dem Beifahrersitz räkelt sich eine rassige Balkanschönheit! Uns oder eher dem Bulli zu Ehren steigt sie aus, posiert mit ihren High Heels vor ihm, wirft die Haare in den Nacken, stemmt die Hände in die Hüften, bis ihr Typ drängelt, sie möge doch endlich einsteigen. Mit Volldampf rauscht das Gaunerpärchen Richtung Podgorica, wo wir es eine Viertelstunde später in einem Restaurant an der Hauptstraße entdecken. Er hat den Arm um ihre Schulter gelegt, und sie lässt es gelangweilt geschehen. Die Rechnung muss er jedenfalls aus eigener Tasche zahlen, denn auf unserem Beifahrersitz gab es nichts zu holen …

Zwischen Karstschluchten und verschneiten Pässen

Montenegros Hauptstadt grüßt mit sozialistischen Wohnblöcken aus der jugoslawischen Ära. Also geht es gleich weiter nach Norden, in wilde Karstschluchten, durch unbeleuchtete Tunnel und unübersichtliche Kurven. Ständig kommen uns auf dieser Hauptroute nach Belgrad Lastwagen und Sattelschlepper entgegen, deren Fahrer den Mittelstreifen in schöner Regelmäßigkeit ignorieren. Rechter Hand lauert der nahe Abgrund, statt Leitplanken dienen ein paar

Felsbrocken als notdürftige Absicherung. Hundert Meter tiefer frisst sich die Morača, türkisblau und wildschäumend, immer weiter in den grauen Kalk hinein. Am Oberlauf wird die Landschaft grüner, erinnert mit Bauernhöfen, Wiesen, Buchen-, Kiefern- und Tannenwäldern entfernt an das Allgäu. Wir biegen nach Westen ab und winden uns zwei Stunden über kurvige Straßen durch einsame Wälder immer höher, dann wechselt noch einmal das Landschaftsprogramm, und wir befinden uns im tiefsten Winter. Žabljak liegt fast 1500 Meter über dem Meeresspiegel und sieht aus wie Oberhof im Thüringer Wald: ein Wintersportzentrum mit süßen kleinen Schindelhäusern zwischen brachialer Achtzigerjahre-Betonarchitektur. Es ist Mitte April, und alle Skilifte sind in Betrieb! Hartnäckig hält sich der Winter auf dem Balkan, während sich in Deutschland die Menschen bei frühsommerlichen Temperaturen in Parks und Eisdielen räkeln! Für einen Moment finde ich das irgendwie ungerecht, wir hätten nach 2500 Kilometern und fast drei Wochen unterwegs auch einmal südliche Wärme verdient! Aber die macht auf Dauer doch nur schlapp und träge. Also ist es gut, jetzt genau hier und nicht irgendwo anders zu sein.

Allerdings liegt der Schnee hier zum Teil so hoch, dass die Bergstraße durch den Durmitor-Nationalpark noch komplett gesperrt ist. Eigentlich kein Wunder, denn in diesem Hochgebirge gibt es sogar noch ein paar kleine Gletscherrelikte aus der Eiszeit. Um nach Sarajevo zu gelangen, müssen wir einen Umweg von knapp hundert Kilometern über karge Karstplateaus in Kauf nehmen, werden jedoch mit der Piva-Schlucht, einem weiteren spektakulären Canyon, belohnt. Wieder folgen jede Menge unbeleuchteter Tunnel, in denen loses Gestein von der Decke rieselt, als Zugabe eine atemberaubende Hängebrücke, aber fast überhaupt kein Verkehr. Den Grund erfahren wir kurze Zeit später.

Durch Niemandsland

Es dämmert bereits, als wir den Grenzübergang nach Bosnien erreichen. Doch auf dem Schild vor dem Grenzposten steht in kyrillischen Lettern »Republika Srpska«. Wir sind im autonomen serbischen Teil von Bosnien-Herzegowina gelandet. Kein Hinweis auf Bosnien, auf Sarajevo – damit will hier offensichtlich niemand zu tun haben. »Open!«, herrscht uns ein schlechtgelaunter, einsilbiger Zollbeamte an. Kein einziges Wort über den freundlichen Oldtimer. Dann beginnt er, eine halbe Stunde lang unseren Wagen komplett zu durchwühlen. Seine Laune bessert sich auch nicht, als Philipp ihm eine Stirnlampe ausleiht, um die Prozedur zu beschleunigen. Die Schikane erinnert mich so sehr an die frühere innerdeutsche Grenze. Wartet er eventuell auf Euro-Bakschisch? Das kann auch richtig nach hinten losgehen!

Endlich lässt er vom Bulli ab, und wir fahren Richtung Foca in die stockdunkle Nacht hinein. Kein Auto ist weit und breit zu sehen, kein Licht, kein Haus und auch kein Wegweiser. Die Straße befindet sich in einem Prozess der Auflösung, oft ist sie nur noch schlammige Schlaglochpiste, über deren Ränder bereits Gestrüpp wuchert. Dabei befinden wir uns immer noch auf der Europastraße 762 nach Sarajevo, der Hauptstadt Bosniens – doch das ist wohl der Grund, weshalb die serbischen Behörden die Straße verkommen lassen. In Montenegro hatten wir erfahren, dass nur wenige Wochen zuvor ein Bus hier nachts schwer verunglückte und genau in diesem Abschnitt häufig kriminelle Banden Reisende überfallen …

Grenzübergang Zwischen Montenegro und dem serbischen Teil Bosniens (Republika Srpska) nahe Foča wird unser Bulli von Zöllnern gefilzt – Erinnerungen an frühere Reisen in die DDR.

Trickdiebstahlversuch auf der Europastraße zwischen albanischer Grenze und Montenegros Hauptstadt Podgorica. Auf der Landstraße im Osten Montenegros zwischen Berane und Mojkovac gibt es für den Bulli unerwartete neue Gefahren – Radarkontrollen (rechte Seite)!

VON PODGORICA NACH MOSTAR

> *Unfassbare 1425 Tage war Sarajevo ab April 1992 belagert, länger als Leningrad im Zweiten Weltkrieg.*

Scheinbar endlos dauern die 30 Kilometer durch die Finsternis, endlich tauchen in der Ferne ein paar Lichter auf: Foča. Doch der Knotenpunkt an der Drina wirkt überhaupt nicht behaglich, die Atmosphäre ist seltsam lähmend. Ein paar Jugendliche palavern unter den wenigen Straßenlampen und an der Tankstelle, viele Straßen sind wie ausgestorben. Irgendwie glauben wir zu spüren, dass ein großer Teil der Bevölkerung fehlt. Hier haben serbische Kommandos im bosnischen Bürgerkrieg 20 Jahre zuvor alle muslimischen Bewohner vertrieben oder ermordet. Hinter der Brücke über die Drina warten wieder viel Finsternis, viel Wald und viele Kurven, aber immerhin Asphalt unter den Reifen. Um Mitternacht erreichen wir die bosnische Zone und kurz darauf Sarajevo. Triste Industriebrache und Plattenbauten in den Außenbezirken, aber dann gelangen wir über eine mehrspurige Straße ins Zentrum und sind trotz des langen Tages fasziniert: Hier trifft Wien auf Istanbul, stehen Habsburger Paläste und Bürgerhäuser gleich neben Minaretten und Basarvierteln – Symbole der wechselhaften Geschichte Bosniens.

Und die Geschichte ist in Sarajevo überall präsent: An der Lateiner-Brücke wurden im Sommer 1914 der Habsburger Thronfolger Franz Ferdinand und seine Frau erschossen – die folgende Kettenreaktion löste den Ersten Weltkrieg aus. Was für ein Treppenwitz der Geschichte, dass der serbische Attentäter seinen Plan schon aufgegeben hatte und in eine nahe Kneipe ging, als die Kutsche mit dem Prinzenpaar plötzlich direkt vor ihm auftauchte, weil der Kutscher sich verfahren hatte!

Dahinter beginnt die Altstadt mit der Fußgängerzone. Schnell füllen sich am Vormittag die Straßencafés, Rentner treffen sich zum Schachspiel, Tauben flattern herum, die Straßenbahn rattert vorbei – auf den ersten Blick ein urbanes Idyll. Auch die umgebenden Berge wirken beschaulich wie im Allgäu, doch von dort oben feuerten serbische Soldaten auf die Stadt und ihre Bewohner fast vier Jahre lang hinunter. Unfassbare 1425 Tage war Sarajevo ab April 1992 belagert, länger als Leningrad im Zweiten Weltkrieg. Oft verlief die Versorgung der umzingelten Stadt nur durch einen einzigen Tunnel unter dem Flughafen.

Begegnungen in Sarajevo

Der Krieg ist über 20 Jahre her, aber die Wunden sind noch an vielen Stellen sichtbar, vor allem in den Außenbezirken, in denen ganze Wohnblocks von Granateinschlägen durchsiebt wurden. Dort draußen ist Lemana aufgewachsen, die wir an der Lateinerbrücke in einem Café treffen. Sie erzählt uns von ihrer Kindheit, von den Fußballspielen im nahen Stadion und wie sie den späteren bosnischen Fußballstar Džeko als schmächtigen Jungen in zerschlissenen Sportklamotten in der Straßenbahn zum Training fahren sah. Dann kam der Krieg, und ihre Familie flüchtete über Umwege zu Verwandten nach Köln. Nach sechs Jahren kehrten sie zurück, da ihr Vater sein altes Restaurant wieder eröffnen wollte. Ihr Wohnblock stand noch, aber der ganze Stadtteil war von mannshohem Gestrüpp überwuchert …

Unweit des Stadions liegt die VW-Werkstatt, in der wir unseren Bulli nach den Strapazen in den Bergen Albaniens und Montenegros durchchecken lassen wollen. Er verliert zu viel Öl, und der Anlasser muckt immer wieder auf. Selbst dort werden wir mit der jüngsten Geschichte konfrontiert. Ich treffe auf Jesna, die mich auf Deutsch anspricht. Ihre Familie stammt aus Srebrenica, wo 1995 serbische Paramilitärs 6000 männliche Bewohner ermordeten – das größte Massaker in Europa nach dem Zweiten Weltkrieg. Ihr Vater verschwand von einem Tag auf den nächsten, der Rest der Familie flüchtete, sie wuchs in Deutschland auf. Vor einigen Jahren kehrte sie nach Sarajevo zurück, aber ihr Bruder ging wieder zurück nach

Srebrenica und trifft dort jeden Tag auf den Mann, der ihren Vater auf dem Gewissen hat. Wie hält er das aus? Sie weiß es nicht.

Nur ganz langsam verheilen die Wunden. Das gegenseitige Misstrauen sitzt immer noch tief. Von den bosnischen Serben, die meist draußen am Flughafen in Sarajevo-Ost wohnen, arbeiten auch wieder mehr Menschen im Stadtzentrum. Hier spürt man Aufbruch und Hoffnung auf bessere Zeiten. Doch auf dem Land steht die Zeit bleiern still. Oben in den Wäldern entlang der ehemaligen Frontlinien liegen im Erdreich immer noch Hunderttausende Minen, denen jedes Jahr Dutzende von Menschen zum Opfer fallen.

Die Lateinerbrücke in Sarajevo Hier geschah 1914 das folgenschwere Attentat auf den österreichischen Thronfolger, das den Ersten Weltkrieg auslöste.

In den westlichen Außenbezirken von Sarajevo nahe des Flughafens sind die Wunden aus dem Bosnien-Krieg immer noch sichtbar.

Zwei Tage später fahren wir Richtung Adria der Wärme entgegen. Im äußersten Süden Bosniens sprudelt in Blagaj eine kräftige Karstquelle vor einer imposanten Felswand. Dort steht das Haus der Derwische, der Sufis, einer asketisch lebenden muslimischen Bruderschaft. Doch wir erblicken an diesem beliebten Pilgerort weder tanzende Derwische noch Touristenscharen, nur Kellner, die in den Restaurants am Fluss vergeblich auf Kundschaft warten. Es ist noch Vorsaison. Vorne direkt an der Quelle und den Stromschnellen diniert einzig und allein ein junges arabisches Pärchen. Er leger im weißen Hemd und Jeans, sie bis auf einen schmalen Augenschlitz komplett in Schwarz verhüllt. Ich bitte um Erlaubnis, sie vor der Kulisse zu fotografieren, aber er weist meinen Wunsch ab. Für einen Moment schaue ich in ihre leuchtend schwarzen Augen und glaube ein Bedauern zu erkennen. Als das Paar eine halbe Stunde später das Restaurant über eine schmale Brücke verlässt, läuft die verschleierte Frau nicht hinter, sondern neben ihrem Mann. Und dann sehe ich, wie sie ihn in einem scheinbar unbeobachteten Moment zärtlich umarmt …

Die Karstschlucht der Piva liegt im nordwestlichsten Teil Montenegros. Mit dem Bulli durch den wilden Balkan: Durch den Canyon verläuft die einzige Verbindungsstrecke zwischen Montenegro und dem bosnischen Sarajevo.

> *» Der Weg ist immer besser als die schönste Herberge. «*
>
> Miguel de Cervantes

Žman
Kilometer 4705 – Tag 32 bis 34

Eintritt ins Paradies

Von Mostar nach Dugi Otok

Vor der kroatischen Küste erstreckt sich ein Archipel aus insgesamt 1244 Inseln, von denen allerdings nur 47 bewohnt sind. Für Segler und Badeurlauber ist die Region Dalmatien im Sommer ein Paradies, doch das ganzjährige Leben auf den meist kargen Inseln ist oft hart und entbehrungsreich. Mit dem Bulli fahren wir bis ans Ende der besiedelten Welt zu einem Leuchtturmwärter.

Hinter Mostar überqueren wir am Abend die bosnisch-kroatische Grenze. Ein seltsames Gefühl, die blaue EU-Flagge mit ihrem Sternenkranz im Wind flattern zu sehen. Beginnt erst hier das eigentliche Europa? Fast alle kleinen Hotels und Pensionen befinden sich noch im Winterschlaf, ganze Küstendörfer wirken ausgestorben. Kurz vor Mitternacht finden wir endlich eine Unterkunft in einem nüchternen Achtzigerjahre-Hotelbunker in Makarska – von wegen mediterranes Strandidyll an der Adriaküste …

Am nächsten Vormittag drängen sich Hunderte von Senioren auf Pauschalreise gierig ums Frühstücksbüfett. Schnell weg von hier, draußen locken Licht und Berge. Wir tuckern mit dem T1-Bulli zum nahen Biokovo-Naturpark, um eine der spektakulärsten Aussichten auf die berühmte dalmatinische Küstenlandschaft zu entdecken. Hinter einer Schranke beginnt der Naturpark, die schmale, meist einspurige Stichstraße windet sich in Serpentinen hoch zum

Bootsanleger am Velebit-Kanal unterhalb der Adriatischen Küstenstraße (Jadranska Magistrala). Die wüstenhafte Landschaft auf der gegenüberliegenden Insel Pag entsteht durch die berüchtigten Fallwinde der Bora.

1740 Meter hohen Sveti Jure, dem Berg des Heiligen Georg. Zunächst durch Pinienhänge, weiter oben steht nur noch nackter grauer Fels an. Doch findet sich in den Karstdolinen sogar immer wieder ein Steinhaus, daneben ein kleiner, mühsam der Natur abgerungener Garten, pittoresk nur für diejenigen, die hier nicht leben mussten. Hierher in die Kargheit flohen einst viele Küstenbewohner bei Piratenüberfällen. Irgendwie erinnert vieles an eine Winnetou-Filmkulisse – und tatsächlich wurde ein Großteil der Karl-May-Filme einst hier im kroatischen Hinterland gedreht.

Das Schneeketten-Schild auf halber Höhe kommentieren wir noch spöttisch, aber auf den letzten zwei Kilometern hoch zum Gipfel versperren plötzlich Schneewehen den schmalen Fahrweg – Ende April! Der Blick tief hinunter aufs Meer ist frei: Wie ein Rudel abtauchender Riesenechsen ragt der dalmatinische Inselkosmos aus der türkisblauen Adria: Korčula, Hvar, Brač, ein wilder Mix aus Karst und Wald, ganz draußen im Dunst das abgelegene Lastovo, das zu Titos Zeiten noch militärisches Sperrgebiet war.

Im kroatischen Inselkosmos

Eine dieser vorgelagerten Inseln erreichen wir am Abend. Von Zadar aus bringt uns die letzte Fähre in anderthalb Stunden auf die »Lange Insel« Dugi Otok. Ein treffender Name, denn sie ist über 40 Kilometer lang und nur knapp vier Kilometer breit. Hinter ihrer Südspitze beginnt der Archipel der Kornaten, eine Welt aus über 200 fast vegetations- und wasserlosen Karstinseln – im Sommer ein türkisblaues Seglerparadies, das einst George Bernard Shaw als »göttliche Schöpfung« beschrieb. Die kroatischen Fischer waren bodenständiger und gaben den Inseln Namen wie Babina Guzica (Großmutters Hintern), Kurba Vela (Große Hure) und Mrtvac (Toter Mann).

Was die Fischer niemals sahen, entdeckte Google Earth im Jahr 2008 nahe des dalmatinischen Festlandes: Galesnjak. Die nur 0,1 Quadratkilometer große unbewohnte Insel hat eine perfekte Herzform und wird deshalb »Liebesinsel« genannt. Ihr Besitzer Vlado Jureško war sich seines Schatzes überhaupt nicht bewusst. Mittlerweile kontaktieren ihn immer häufiger Liebespaare, die ein paar Stunden auf seiner Insel verbringen möchten – die drei Herzinsel-Alternativen liegen über 15 000 Kilometer entfernt in Australien, Argentinien und der Südsee …

Während in der venezianisch geprägten Altstadt von Zadar die Menschen bereits draußen in den Cafés sitzen und am Palmenufer flanieren, ist auf Dugi Otok noch Winterschlaf angesagt. Am winzigen Fährhafen ist es bei unserer Ankunft stockfinster. Die Handvoll Autos, die auf der Fähre übersetzten, verschwinden schnell in der

Im kleinen Hafen von Žman auf der Ostseite der dalmatinischen Insel Dugi Otok treffen wir kroatische Küstenfischer. Die Gewässer im Küstenarchipel sind immer noch sehr fischreich.

Zvonimir ist der Leuchtturmwärter von Veli Rat an der Nordspitze der Insel Dugi Otok. Er liebt das Leben draußen in der Natur – seit über 20 Jahren arbeitet er als Leuchtturmwärter in der Einsamkeit (rechte Seite).

Dunkelheit. Ein einsamer Busfahrer wartet vor dem Schiff auf Passagiere – keiner steigt ein. Wir fragen ihn nach einer Übernachtungsmöglichkeit, denn eigentlich ist um diese Zeit noch nichts offen. »Fahrt nach Božava, dort neben der Kirche steht ein rotes Haus, klingelt einfach«, lautet sein Tipp. Wir klingeln ein Rentnerpaar aus dem Schlaf, das uns trotz der späten Stunde nicht abweist, sondern schnurstracks seine Ferienwohnung im ersten Stock des Hauses öffnet und gemeinsam die Betten bezieht. »Ihr seid die ersten Gäste der neuen Saison«, erklärt Dragan und schenkt uns einen selbstgebrannten Begrüßungsschnaps ein.

Wer hier überwintert, muss mit sich selbst zurechtkommen. 1800 Einwohner leben auf der Insel, verstreut in kleinen Dörfern an der Ostküste. Eine Tankstelle, ein Bankautomat. Viele leben hier, um dem Lärm und der Hektik der Städte fern zu sein. Manche sind innerlich immer noch auf der Flucht vor dem Bürgerkriegshorror der 1990er-Jahre. Einer von ihnen ist Zvonimir, seit 23 Jahren Leuchtturmwärter an der dalmatinischen Küste. Er stammt aus Ostslawonien aus der Gegend von Osijek und Vukovar, dort, wo im Sommer 1991 die Serben den Krieg brachten.

Das Meer und die Freiheit

Zvonimir, leuchtend blaue Augen und Wuschelkopf, erzählt von der Freiheit, sein eigener Herr zu sein, vom Fischfang, von den Oktopus-Tauchgängen, dem Gemüsegarten, den er zusammen mit seiner zweiten Frau Daniela bewirtschaftet, von Touristen, die hier im Sommer dem Alltag ein paar Tage entfliehen. Er erwähnt mit keinem Wort, was er vor einem knappen Vierteljahrhundert im Osten Kroatiens erlebt hat.

Der Bürgerkrieg hatte damals vor der Küste Halt gemacht. Im Hinterland, in der Krajna, spielte sich der wechselseitige Terror zwischen serbischen Freischärlern und kroatischen Truppen ab. Auf den Inseln gab es keine Zerstörungen wie in Mostar oder Dubrovnik, die Spuren sind in Menschen wie dem Seemann sichtbar, dem ich am nächsten Tag im Hafen von Žman begegne. Auf dem einzigen Fischkutter an der Mole sitzt er auf Tauwerk und nimmt sein Mittagsmahl zu sich: *rak*, in Salzwasser gekochtes frisches Krebsfleisch, das man zunächst mühsam aus dem Panzer herausschälen muss – in Restaurants eine sündhaft teure Spezialität.

Der Mann mit dem Keith-Richards-Gesicht heißt Daniel und stammt von einer Nachbarinsel. Kaum hat er mir eine Portion Krebsfleisch angeboten, beginnt er zu erzählen. Ein Unglücksrabe sei er schon immer gewesen. Jahrzehnte habe er als Seemann auf den Meeren verbracht, dann die Liebe seines Lebens, eine Italienerin, getroffen. Er habe ihr nicht vertraut, habe es vermasselt und

>> *Wer hier überwintert, muss mit sich selbst zurechtkommen.* <<

wollte daraufhin im Krieg gegen die Serben sterben. Doch auch das klappte nicht. Dafür fing er nach dem Krieg wieder mit dem Fischfang an und verletzte sich beim illegalen Dynamit-Fischen schwer. Vor lauter Verzweiflung fing er mit harten Drogen an, sechs Monate lang nahm er Heroin, jetzt raucht er nur noch zwei Zigarettenpäckchen am Tag.

Nach einer Weile entschuldigt er sich, er müsse sich jetzt eine Weile in der Kajüte hinlegen, die ganze letzte Nacht sei die Besatzung draußen auf See gewesen. Nachdenklich bleibe ich an der Mole zurück, plötzlich öffnet sich quietschend ein Bullauge, und aus der Kajüte streckt sich mir eine Hand entgegen, die ein Buch festhält: Hermann Hesses *Steppenwolf*. Dahinter sehe ich im Halbschatten Daniels zerfurchtes Gesicht, über das für ein paar Momente ein breites Lächeln huscht.

Südseeflair an der kroatischen Adria Der Archipel der Kornaten besteht aus etwa 150 Inseln. Wegen des Karstbodens sind nur ganz wenige Inseln bewohnt.

Der Leuchtturm von Veli Rat stammt aus dem Jahre 1849 und ist mit 42 Metern Höhe der höchste Leuchtturm an der Adria.

Die kroatische Insel Galesnjak ist die einzige herzförmige Insel Europas, darum auch »Liebesinsel« genannt. Erst 2008 entdeckte ihr Besitzer mithilfe von Google Earth den einzigartigen Charakter seiner Insel (nachfolgende Doppelseite).

Opatija
Kilometer 5430 – Tag 36 bis 40

Das Wunder von Lovran

Von Cres nach Opatija

Im äußersten Westen Kroatiens liegt Istrien, eine Art Toskana an der Adria mit über 3000-jähriger Geschichte: Griechen, Römer, Franken und Venezianer herrschten über die Halbinsel, die alleine im 20. Jahrhundert vier verschiedenen Ländern angehörte: Österreich-Ungarn, Italien, Jugoslawien und schließlich Kroatien. Dort, wo einst der k. u. k. Adel seinen Urlaub verbrachte, rettet ein VW-Käfer unseren Bulli.

Kroatische Insel mit drei Buchstaben. Rab, Pag oder Krk? Diese Kreuzworträtselfrage war das einzige, was ich schon seit meiner Kindheit von der kroatischen Küste wusste. Krk hatte mich wegen des Fehlens sämtlicher Vokale besonders fasziniert. Jetzt sehe ich die Insel vom Festland aus zum ersten Mal in natura. Seit Stunden kurven wir mit dem Bulli die berüchtigte dalmatinische Küstenstraße Jadranska Magistrala weiter nach Norden. Kurz hinter Zadar steigt das Küstengebirge des Velebit in den Himmel, die Landschaft wird karstiger und rauer. Von den Gipfeln des Velebit prescht die berüchtigte Bora als kalter Fallwind mit bis zu 250 Stundenkilometern hinunter zur Küste, fegt über das Meer hinüber bis zu den ersten Inseln. Ihr Einfluss ist dort so gewaltig, dass die gesamte Ostküste der Inseln Pag, Rab und Krk einer Mondlandschaft gleicht: Erosion und Versalzung schufen eine Wüste mitten in Europa! Wenn die Bora auflebt, ist die Küstenstraße manchmal für Tage gesperrt. Schon Karl Marx beschrieb 1856 die Naturgewalten treffend: »Die Bora, der große Störenfried dieses Meeres, erhebt sich stets ohne das kleinste Warnungszeichen; mit der Gewalt eines Tornados überfällt sie die Seeleute und gestattet nur dem Kühnsten, an Deck zu bleiben … Der Dalmatiner aber ist von Kindheit an gewöhnt, ihr zu trotzen, er wird hart unter ihrem Atem und verachtet die armseligen Winde anderer Meere.«

Der Bulli auf einer Traumstraße Die Adriatische Küstenstraße gilt als eine der schönsten Küstenstraßen der Welt – hier ein Abschnitt bei Karlobag gegenüber der Insel Pag. Die kurvenreiche, über 1000 Kilometer lange Straße wurde in den 1960er- und 1970er-Jahren erbaut.

Insel-Hopping ins Idyll

Wir haben Glück. Kein Wolkenstau im Küstengebirge, kaum ein Windhauch entlang der Küstenstraße, ein Hauch von Sommer umgibt uns. Über die zwei riesigen Spannbögen einer Stahlbetonbrücke gelangen wir auf die Insel Krk. Sie ist die größte Insel in der Adria – exakt so groß wie die Nachbarinsel Cres. Aber das ist auch die einzige Gemeinsamkeit: Krk besitzt den Flughafen von Rijeka, und seit der Fertigstellung der einst größten Spannbrücke der Welt ist sie touristisch voll erschlossen. Kaum zu glauben, dass hier bereits die Griechen, Römer, Venezianer über Jahrhunderte gelebt haben. Römer und Venezianer holzten jedoch die Wälder für den Schiffbau fast komplett ab. Homer erwähnte die Insel bereits vor fast 3000 Jahren, die Römer nannten sie wegen ihres Naturreichtums *insula aurea*, die goldene Insel. Obwohl der Touristenrummel auf Krk noch nicht begonnen hat, zieht es uns doch auf die kaum besiedelte Nachbarinsel Cres.

Unser Ziel ist Lubenice auf der Westseite von Cres. Das entlegene Dorf thront fast 400 Meter über der Adria auf einer pittoresken Felsklippe. Einzig ein schmales Asphaltsträßchen windet sich durch das hügelige Gelände und wird von uralten Feldsteinmauern

begrenzt, die den ganzen Mühsal jahrhundertelanger harter Landarbeit widerspiegeln. Bewaldete Oasen wechseln sich mit kargen Karstflächen ab. Hie und da blökt ein Schaf hinter Lorbeerbäumen, aber die Menschen auf dem Land sind verschwunden. Schritt für Schritt erobert sich die Natur das Terrain wieder zurück. Vor allem in den 1950er-Jahren wanderten Tausende von den rauen dalmatinischen Inseln nach Australien, Kanada und in die USA aus. Die Jungen zogen weg, die Alten starben. Lubenice ist seit 4000 Jahren besiedelt, im Mittelalter war es aufgrund seiner strategischen Lage der wichtigste Ort in weitem Umkreis. Heute leben hier ganzjährig nur noch sieben ältere Menschen von Weinanbau, Schafzucht und Imkerei.

    Doch es gibt Hoffnung für Lubenice: Es besitzt ein Restaurant mit einheimischen Gerichten sowie ein liebevoll eingerichtetes Schafsmuseum, und im Sommer findet eine bekannte Konzertreihe in der Hauptkirche statt. Tief unten am türkisblauen Meer lockt der Strand Sveti Ivan, der vor einigen Jahren von einer Zeitung zu einem

Osor an der Landenge der Inseln Cres und Lošinj war im Mittelalter ein bedeutender Ort mit 30 000 Einwohnern, heute leben dort 80 Menschen. Die Mauerreste des alten Klosters stammen aus dem 11. Jahrhundert.

Der Ort Lubenice auf der Insel Cres, auf einem Bergkamm 340 Meter hoch über der Adria gelegen, ist seit etwa 4000 Jahren besiedelt (rechts oben). Claudia und Robi leben in Podol, einem Ort mit sechs Einwohnern im Innern der Insel Cres (unten links). Der Maulbeerbaum mit der Marienfigur ist das Zentrum des kleinen Dorfes Podol auf der Insel Cres (unten rechts).

VON CRES NACH OPATIJA

der schönsten Strände der Welt gekürt wurde. Wäre das Meer schon halbwegs warm, wären wir sofort dort unten am Traumstrand!

Erst auf dem Rückweg fällt uns in nahen Podol (sechs Einwohner) ein Maulbeerbaum auf, um den man wie in einem Kreisverkehr vorsichtig herumfahren muss. Am Baum hängen ein Marienbild und darunter ein handgemaltes Schild, das auf Kroatisch, Italienisch und Deutsch für hausgemachtes Feigeneis wirbt. Stopp! Die gefrorene Köstlichkeit erwartet uns im Haus Nummer vier, zudem kredenzt die Frau des Hauses auch hausgemachte Limonaden aus Salbei, Minze und Zitrone. Wer hier lebt, ist Individualist, Lebenskünstler und zum großen Teil Selbstversorger. Claudia besitzt mit ihrem Mann Robi einen großen Garten und 15 Schafe, sie schreibt Bücher und hat überdies das Kunstprojekt *Podol im Netz* kreiert: Sie häkelt bunte Einkaufsnetze und verkauft sie an vorbeikommende Touristen mit der Bitte, ihr ein Foto ihres Netzes im Gebrauch zurückzusenden. In nun schon über 30 Ländern auf der ganzen Welt ist Podol damit »im Netz«. Ursprünglich kommt Claudia aus dem Salzkammergut, 20 Jahre lang hat sie als Dokumentarfilmerin in Bolivien gelebt. Als sie einmal ihre Eltern in Österreich besuchte, machte sie anschließend in Kroatiens Inselwelt Urlaub. Oben im Bergdorf Lubenice traf sie in der einzigen Bar zufällig einen kroatischen Seemann – Liebe auf den ersten Blick!

Per Fähre gelangen wir mit dem Bulli von Cres aufs Festland nach Istrien. Im Hinterland thronen mittelalterliche Orte stolz auf Hügeln, Olivenhaine, Weinreben und Wälder sind in eine sanft gewellte Landschaft gebettet. In Motovun dreht sich alles um weiße und schwarze Trüffeln, in Hum, der mit 27 Einwohnern kleinsten Stadt der Welt, kosten wir Mistelschnaps und Rotweinsuppe – eine Region für Genießer. Mit einem Stück Weichholz und einem Schnitzmesser wird hier alljährlich im Juni der neue Bürgermeister gewählt. Wer die meisten »Stimmen« auf seinem Kerbholz verzeichnen kann, gewinnt die Wahl. Das heute so friedlich wirkende Istrien hat allein im 20. Jahrhundert fünf verschiedene Mächte gesehen: Österreich-Ungarn, Italien, die deutsche Wehrmacht, Jugoslawien und schließlich Kroatien. Bei diesem raschen Wechsel wundert es nicht, dass sich viele Menschen auf der Halbinsel ganz einfach als Istrier bezeichnen.

Panne an der Palmenküste

Bevor wir uns Richtung Italien aufmachen, wartet noch ein Schlenker zum mondänsten Küstenabschnitt Kroatiens auf uns. Zwischen Lovran und Opatija hat sich der Habsburger Adel Ende des 19. Jahrhunderts sein mediterranes Feriendomizil geschaffen. Mit der k. u. k. Südbahngesellschaft reisten die feinen Damen und Herren von Wien über Triest zur österreichischen Palmenriviera. Durch ein kaiserliches Dekret wurde Opatija 1889 der erste heilklimatische Kurort an der österreichischen Adriaküste. Doch mit dem verlorenen Ersten Weltkrieg verblasste der Glanz der Kurorte schnell.

Einige der einst prächtigen alten Hotels sind im Lauf der Jahrzehnte arg heruntergekommen: Putz bröselt von den Mauern, Fensterscheiben sind zerbrochen, Eingänge verschlossen. Doch seit

Mitte der 1990er-Jahre geht es mit dem Baden-Baden an der Adria wieder aufwärts. Immer mehr prunkvolle Villen werden aufwendig restauriert und meist von österreichischen Prominenten und neureichen russischen Geschäftsleuten aufgekauft. Der Charme der alten Donaumonarchie ist hier immer noch lebendig.

An der zwölf Kilometer langen Uferpromenade Lungomare flanieren wir zwischen Villen und subtropischer Vegetation auf den Spuren von Kaiserin Sisi, Kaiser Franz Joseph, Gräfinnen und Baronen. Als wir nach zwei Stunden wieder zurück zum Bulli kommen, werden wir urplötzlich ins Hier und Jetzt katapultiert: Unser Oldtimer springt selbst mit Anschieben nicht an. Nach etwa einer Stunde erscheint ein missgelaunter ADAC-Mitarbeiter und möchte den Bulli sofort auf seinen Abschleppwagen hieven. Ich bestehe darauf, erst die Batterie zu prüfen und mit unserem Überbrückungskabel Starthilfe zu geben. Noch mehr schlechte Laune beim Helfer. Just in diesem Moment stoppt ein mausgrauer VW Käfer auf dem Parkplatz. »Kann ich helfen?«, fragt der kroatische Fahrer in akzentfreiem Deutsch. Tonči, Jazzmusiker und Musiklehrer, wollte eigentlich seine Kinder von der Schule abholen, aber in diesem Moment war für ihn Oldtimer-Solidarität wichtiger!

Mit dem Überbrückungskabel bekommt der Bulli vom Käfer wieder etwas Leben eingehaucht. »Wir fahren jetzt nach Kraj zu Erwin – der hat auch meinen Käfer flottgemacht«, meint Tonči kurz entschlossen. Nachdem er die Abholung seiner Kinder per Handy an seinen Vater delegiert hat, tuckern wir im Käfer-Bulli-Konvoi die kurvige Küstenstraße nach Süden. Eine Viertelstunde später erreichen wir die unscheinbare kleine Werkstatt an der Hauptstraße. Ein rundlicher Mann steht in blauem Overall und mit ölverschmierten Händen zwischen einem aufgebockten Wagen und einem Pin-up-Kalender – das ist Erwin, der Oldtimer-Spezialist. »Sieht nach defekter Lichtmaschine aus. Morgen kann ich mich um euer Auto kümmern«, erklärt er mit einem sympathischen Lächeln, das mir irgendwie Zuversicht gibt.

Bulli-Rettung in Not

Das Wunder von Lovran: Ohne Tonči hätten wir niemals auf die Schnelle einen Oldtimer-Spezialisten gefunden. Und tatsächlich ruft Erwin mich am nächsten Nachmittag an und verkündet, der Bulli sei abholbereit. Er hatte im hintersten Winkel seines Lagers noch eine gebrauchte Lichtmaschine gefunden, den Motor komplett aus- und wieder eingebaut! Auf einmal erkenne ich einen Zusammenhang: Der Gutachter, der meinen Freunden von der Käferwerkstatt in Regensburg den heißen Tipp gab, dass ein anderer seiner Kunden einen T1-Bulli verkaufen wolle, hieß auch Erwin. Nun ist es klar: Der bis dahin namenlose Bulli muss Erwin heißen!

Tonči, ein Musiker und Käfer-Fan aus der Nähe von Rijeka, ist spontaner Bulli-Helfer, als die Lichtmaschine ihren Geist aufgibt. Und er kennt Erwin, den Oldtimer-Doktor aus dem übernächsten Nachbarort!

Mediterranes Idyll Den kleinen Hafenort Lukovo an der Küste des Velebit-Gebirges erreichten wir von der Adriatischen Küstenstraße nur über eine schmale, stark abschüssige Stichstraße.

Rovinj an der Westküste der Halbinsel Istrien wurde bereits in der römischen Zeit gegründet. Wahrzeichen der Stadt ist der knapp 60 Meter hohe Kirchturm aus dem 17. Jahrhundert, dessen Vorbild der Campanile in Venedig ist (rechte Seite).

» *Das heute so friedlich wirkende Istrien hat allein im 20. Jahrhundert fünf verschiedene Mächte gesehen: Österreich-Ungarn, Italien, die deutsche Wehrmacht, Jugoslawien und schließlich Kroatien.* «

Ritten
Kilometer 6377 – Tag 42 bis 45

Drei Winkel im Herzen Europas

Von Triest nach Bozen

Die norditalienische Region Friaul ist das Herz Europas, denn hier treffen die drei großen europäischen Sprachfamilien aufeinander: die romanische, germanische und slawische. In dem alten Kulturland liegen die pulsierende Hafenstadt Triest, in der Habsburger Noblesse auf italienische Lebensart trifft, und stille kleine Bergdörfer mit ganz eigenen Geschichten. Der Bulli tuckert hoch in die Alpen!

Sie ist eine betörende Schönheit. Fast hätten wir sie nie kennengelernt, weil wir sie in großem Bogen passieren wollten. Doch als wir ihren Lichterglanz von einer Anhöhe aus in Slowenien erblicken, werde ich neugierig, und so tuckert unser Bulli spät abends durch die ausgedehnten Hafenviertel in die Innenstadt hinein. Vor unseren Augen breitet sich ein Gesamtkunstwerk aus: elegante herrschaftliche Häuser, große Plätze, alte Kirchen und Denkmäler. Triest ist eine Art Wien am Meer, immerhin gehörte die Stadt 500 Jahre lang zur österreichischen Monarchie. Erst nach dem Ersten Weltkrieg fiel sie an Italien und dämmerte nach dem Zweiten Weltkrieg bis 1990 in einer Art Dornröschenschlaf vor sich hin, weil sie vom sozialistischen Nachbarn Jugoslawien fast komplett eingekreist war. Aber mit der Unabhängigkeit Sloweniens und Kroatiens befand sich Triest über Nacht wieder dort, wo es zuvor über Jahrhunderte gelegen hatte: im Herzen Europas. Genau hier treffen Europas drei große Sprachfamilien – die romanische, germanische und slawische – aufeinander. Schlägt man auf einer Europakarte mit dem Zirkel einen Kreis von 2000 Kilometern um Triest, streift man die Ränder Europas: die Algarve, Ankara, Moskau und Sankt Petersburg, die schottische und irische Westküste.

Ein toller Empfang um Mitternacht

Ob Theater, Börse, Hafenamt oder Hotel de la Ville, alle charakteristischen Paläste in Triest stammen aus der Zeit des europäischen Klassizismus, der »Goldenen Zeit« im 19. Jahrhundert. Bis 1918 war Triest der wichtigste Hafen Österreich-Ungarns, die k. u. k. Kriegsmarine lag hier und im istrischen Pula vor Anker, und in Wien träumte man noch eine ganze Weile lang von einer Weltmacht. Herrschaftliches Flair, wohin das Auge reicht. Im Hotel de la Ville, das Fürst Metternich höchstpersönlich einweihte, residierte einst im zweiten Stock die österreichische Kaiserin Elisabeth – kurz »Sisi« genannt. Aber auch viele Künstler und Schriftsteller lebten in der Hafenstadt, zum Beispiel James Joyce, der hier vor dem Ersten Weltkrieg zehn Jahre lang als Englischlehrer seine Familie nur mühsam ernährte. Unentwegt durchstreifte er die Stadt, hier begann er seinen Roman *Ulysses* zu schreiben. Einige Literaturwissenschaftler sind überzeugt, dass Joyce im *Ulysses* nicht Dublin, sondern Triest ein Denkmal gesetzt hat.

Bei unserer Ankunft in Triest läuft eher ein Film als ein Roman ab: Wien trifft auf Rom, dazu eine Prise Balkan. Die Straße ist die Bühne fürs Leben. An der Hafenmole flanieren Liebespärchen, in und vor den Bars parlieren Jung und Alt gestenreich, und die Familien sitzen mit ihren *bambini* noch um zehn Uhr in der Pizzeria. An einer Kreuzung in der zentralen Hafenzone kann man in der

Nachtstimmung am Canale Grande im Zentrum von Triest mit der neoklassizistischen Kirche Sant'Antonio Nuovo – nur unser Bulli rollt um zwei Uhr morgens durch die Straßen der Hafenstadt.

» Meine Seele ist in Triest … «

James Joyce

ehemaligen Tankstelle Stazione Rogers heute Kultur tanken. Davor steht ein Trailer im Retro-Stil, in dem eine hübsche junge Frau Cocktails mixt. Als wir daneben einparken, stößt sie einen verzückten Schrei aus. Der Trailer ist genauso in Rot-Weiß gehalten wie der Bulli – wie füreinander bestimmt! Für die schöne Retrokulisse spendiert sie uns sofort zwei Cocktails, natürlich alkoholfrei. *Bella Italia:* Ein grandioses Ambiente, eine milde Aprilnacht, zwei köstliche Drinks, und dann setzt sich die junge Italienerin auch noch zu uns – Bulli-Bonus! Carla heißt sie und ist Unternehmerin. Aufgewachsen ist sie in der Karibik, der Vater ist Puertoricaner, dann zog sie in ein kleines Dorf in den Dolomiten, aus dem die Mutter stammt, wohnte in Mailand, bis sie während ihres Biotechnologiestudiums in Triest die Musik- und Künstlerszene für sich entdeckte. Sie brach mit Wissenschaft und Forschung und eröffnete mit 23 Jahren ihren eigenen Jazzclub Around Midnight.

Von der Adria in die Alpen

Triest war lange Zeit eine in die Jahre gekommene Dame mit einer stark überalterten Bevölkerung, doch seit Öffnung der Grenzen erlebt die Stadt eine Verjüngungskur – sie ist wiederentdeckt. Carla ist allerdings davon überhaupt nicht begeistert, denn schon steigen die Mieten kräftig an, und viele Szeneclubs mussten schließen. Nun wollen die Spekulanten die Dame noch weiter aufpolieren, weil Triest auch wirtschaftlich längst nicht mehr im Abseits liegt. So soll der norditalienische Adriahafen demnächst auch für Bayerns Wirtschaft ein Tor zur Welt werden. Der bayrische Ministerpräsident Seehofer stellte unlängst bei seinem Besuch fest: »Triest ist der nächstgelegene Seehafen für Bayern.« Das stimmt, denn für einen Münchner liegt Triest näher als Hamburg oder Rotterdam.

Triest ist auf unserer Tour durch Europa eine Zäsur. Nach dem Verkehrschaos zu Anfang in Istanbul gab es auf dem gesamten

Die Alte Börse am Börsenplatz beherbergt heute die Industrie- und Handelskammer von Triest (oben).

An der Stazione Rogers, einer ehemaligen Tankstelle im Hafen von Triest, befindet sich Carlas Cocktail-Trailer. Für die perfekte Retro-Atmosphäre möchte sie den Bulli am liebsten hier behalten (unten).

Die Lagune von Grado am Ausgang des Golfes von Triest. Mitten im Mündungsdelta des Isonzo liegt die Kirche Santa Maria di Barbaria auf einer kleinen Insel (rechte Seite).

Balkan freie Fahrt, doch nun zwängt sich der Verkehr in der dichtbesiedelten Po-Ebene auf den Autobahnen Richtung Venedig und Padua – ein PS-Stakkato-Takt wie auf deutschen Straßen. Hier liegt die reichste Region Italiens, die jedoch landschaftlich völlig unspektakulär ist. Erst nördlich von Vicenza, wo die Silhouette der Alpen allmählich näher rückt, nimmt der Verkehr wieder ab. Die Autobahn mündet in eine Landstraße, die sich von Dorf zu Dorf durch ein Tal schlängelt. Serpentine um Serpentine kriechen wir die Berge hinauf. Es wird kühl, Nebelschwaden ziehen durch den dichten Wald. Hier oben am Rande der Hochebene von Lavarone liegt unser nächstes Ziel: eine Insel, die es nach den Ereignissen des 20. Jahrhunderts eigentlich gar nicht mehr geben dürfte. Das Dorf Lusern ist die südlichste deutsche Sprachinsel. Praktisch alle Bewohner – knapp 300 an der Zahl – sprechen hier noch heute Zimbrisch, einen uralten Dialekt des Bairischen, der all die Jahrhunderte hier im Abseits überlebt hat.

An einem trutzig-massiven Steinhaus am Dorfplatz steht in großen Lettern »Kamou vo Lusérn«, Rathaus von Lusern. Wir flüchten vor der klammen Kälte auf 1300 Meter Höhe in das Bar-Ristorante Rossi neben dem alten Rathaus. An den Tischen sitzen ein paar Arbeiter vor deftigen Mahlzeiten und unterhalten sich in einem Kauderwelsch aus Italienisch und Zimbrisch. Uns begrüßen sie mit »As bi biar!«, was »So wie wir!« bedeutet. Wir befinden uns in einem lebenden Sprachmuseum.

Vor fast 1000 Jahren zogen oberbayrische Bauern in die unzugänglichen Bergwälder zwischen Vicenza und Trient, um sie zu besiedeln und die Wälder für die Obrigkeit zu roden. Einst wurde überall auf den Hochebenen Zimbrisch gesprochen, erst im 17. Jahrhundert kamen die ersten italienischen Einwanderer von Süden in die Berge. Das Leben war immer hart auf der isolierten Hochfläche, über Generationen zogen viele Männer als Maurer oder Steinmetze in die Täler und waren monatelang von ihren Familien getrennt. Über 400 Jahre garantierte Venedig den Zimbern die Souveränität einer Bauernrepublik, doch im 19. Jahrhundert scherten sich darum weder Napoleon noch die Habsburger Kaiser oder der italienische Freiheitsheld Garibaldi.

> *Vor fast 1000 Jahren zogen oberbayerische Bauern in die unzugänglichen Bergwälder zwischen Vicenza und Trient, um sie zu besiedeln …* «

Vor dem Ersten Weltkrieg verlief mitten durch die entlegene zimbrische Bergwelt die Grenze zwischen Italien und Österreich-Ungarn. Schon ab 1908 begann man auf beiden Seiten, monströse Militärfestungen in den Berg zu hauen. Am 25. Mai 1915 wurde die 16-jährige Berta Nicolussi Zatta vor der Luserner Kirche von einem italienischen Granatsplitter tödlich getroffen – sie war wahrscheinlich das erste Opfer, nachdem am Vortag Italien dem Habsburger Kaiserreich den Krieg erklärt hatte. Das irrsinnige gegenseitige Abschlachten hinterließ nach drei Jahren 100 000 Tote auf den Höhen. Lusern lag direkt an der Front, die Männer wurden ins ferne Galizien abkommandiert, die Frauen, Alten und Kinder im Mai 1915 nach Böhmen evakuiert. Auf italienischer Seite wurden die Zimbern während der Kriegsjahre nach Sizilien umgesiedelt. Als die Bewohner Luserns 1918 in ihr Dorf zurückkehrten, war ihre alte Heimat ein einziger Trümmerhaufen. Immerhin gab es keine Grenze mehr, nun gehörte man zu Italien, doch unter den Faschisten war den Zimbern der Gebrauch ihrer alten deutschen Sprache strengstens verboten. Das Zimbrische starb weitgehend aus, lebendige Alltagssprache blieb es nur im Trentino in dem extrem isolierten Dorf Lusern. Der Ort wurde erst im 15. Jahrhundert gegründet und besitzt aufgrund seiner jüngeren Geschichte keinen nennenswerten Charme. Er ist jedoch in eine wunderschöne Landschaft mit sanften Almwiesen, dichten Wäldern und herrlichen Ausblicken auf schroffe Bergzinnen am Horizont eingebettet.

Ein Überlebenskämpfer in den Bergen

Auf dem neu angelegten Geschichtspfad oberhalb des Dorfes treffen wir den obersten Hüter der zimbrischen Kultur, Luigi Nicolussi Castellan. 25 Jahre lang war er Bürgermeister von Lusern, hat für sein einzigartiges Dorf gekämpft. Seit dem Autonomieabkommen für die Region Südtirol/Trentino können die Zimbern zum ersten Mal finanziell aus dem Vollen schöpfen, um ihre letzte Bastion zu verteidigen. Der Ex-Bürgermeister überhäuft uns mit Infomaterialien aus ihrem Dokumentationszentrum. Im Kulturinstitut wird einmal pro Woche die zimbrische Tagesschau *Zimbar Earde* von einem Lokalsender produziert, in der Regionalzeitung erscheint zweimal pro Monat die zimbrische Seite *Di sait vo Lusern*, zwei zimbrische Chöre sind über die Landesgrenzen hinweg bekannt.

Jede Geburt im Dorf ist für Luigi Nicolussi Castellan ein Geschenk. Seit Neuestem zeigt die Geburtenrate nach oben: Es gibt 13 Kinder im Kindergarten von Lusern, ebenfalls 13 in der Grundschule in Lavarone. Dazu sieben neue Arbeitsplätze im Ort. Der ehemalige Bürgermeister strahlt angesichts dieser Zahlen. Er ist wie seine Vorfahren stolz auf seine Identität, die wiedererlangte Unabhängigkeit, auf die Heimat, die er auf zimbrisch »Huamat« nennt. Ich bewundere das unermüdliche Engagement für den Erhalt einer Kultur und einer Sprache, die gerade mal von 1000 Menschen noch gesprochen wird. Wie soll das langfristig in einer globalen, immer mehr vernetzten Welt funktionieren? Doch Luigi Nicolussi Castellan wie auch die meisten anderen Zimbern in Lusern strahlen eine heitere Gelassenheit aus, denn ihr Dorf hat schon ganz andere Zeiten überlebt.

Der Kaiserjägerpfad wurde vor über 100 Jahren von österreichischen Pionieren als Nachschubweg in den Kalkfels gehauen. Auf seiner einspurigen Trasse mit engen Kehren und Tunnel schlängeln wir uns hinunter ins Etschtal. Unten prallen wir auf einen unablässigen Nord-Süd-Strom aus Gütern und Menschen. Eine Stunde lang reiht sich der Bulli in den Lindwurm ein, bis wir hinter Bozen dem Highway-Trubel ein weiteres Mal hoch in die Berge entfliehen: Zwei Dutzend Kehren auf den Ritten, dann in schmalsten Serpentinen hinunter auf 900 Höhenmeter zum Rielingerhof: Zwischen Wein-

bergen, Wiesen und Wald liegt der alte Bauernhof der Familie Messner, die den verlassenen Hof nach dem Zweiten Weltkrieg wieder aufgebaut hat. Die früheren Besitzer hatten für Hitler-Deutschland votiert und waren nie wieder in die alte Heimat zurückgekehrt.

Wir sitzen mit den Messners auf den Holzbänken vor ihrer Buschenschänke bei Speckknödelsuppe und Rotwein. Unter uns erstreckt sich ihr Weinberg, auf halber Höhe ragt eine uralte Burgruine heraus, gegenüber leuchtet das atemberaubende Dolomitenpanorama aus Schlern, Rosengarten und Langkofel. Momente puren Glücks! Von ganz unten aus der Unterwelt dringt nur selten ein Lärmschwall von der Brenner-Autobahn nach oben. Als die Gemeindeverwaltung vor Jahren eine Verbindungsstraße aus dem Tal über den Rielingerhof hoch zum Ritten plante, lehnte die Familie dies entschieden ab. So blieb ihr Paradies im Winkel erhalten. Am nächsten Tag kommen wir nur mit Mühe die extreme Steigung vom Hof wieder hoch auf die schmale Zubringerstraße – auch unser Bulli will nicht aus dem Paradies vertrieben werden!

Ankunft am Rielingerhof hoch über dem Eisacktal in Südtirol. Im Gespräch mit dem Altbauern Heinl Messner, der T1-Bulli-Fahren noch aus eigener Erfahrung kennt.

Reise ins sprachliche Mittelalter »Kamou vo Lusern« ist das Rathaus der zimbrischen Gemeinde Lusern. Der auch heute noch abgelegene Ort befindet sich auf 1300 Höhenmetern auf einer Hochebene in den Alpen südöstlich von Trient (linke Seite).

Der Rielingerhof am Ritten ist einer der beliebtesten und urigsten Buschenschänke – ein kleines Lokal auf dem Hof, wo der Landwirt seine Erzeugnisse servieren darf. Knödelsuppe und einen trockenen Rotwein genießen, dazu das gewaltige Bergpanorama mit Rosengarten, Schlern und Langkofel (nachfolgende Doppelseite)!

Auf einer Serpentinenstraße geht's durch die Apfelplantagen und Weinberge nach Sporminore oberhalb von Trient.

Panoramablick aus dem Bulli auf die Brenner-Autobahn und die Karstberge an der Grenze zwischen dem Trentino und Südtirol

Burghausen
Kilometer 7183 — Tag 47 bis 49

Große Höhen, finstere Tiefen

Vom Großglockner nach Burghausen

Nördlich des Großglockners, des höchsten österreichischen Alpengipfels, liegt das Salzkammergut. Hier in Hallstatt wird seit über 5000 Jahren Salz gewonnen. Der kleine Ort ist weltbekannt, da er wie kein zweiter in Österreich das Gefühl von Alpenidyll und Heimat perfekt widerspiegelt. Scharenweise kommen die Touristen aus Asien, zwei Tage lang bewundern sie auch den Bulli.

Ogottogottogottogott!« In jeder Spitzkehre rief meine Großmutter viermal den Allmächtigen um Hilfe an. Und von diesen Haarnadelkurven gab es auf dem Steilabstieg von der Edelweißspitze hinunter ins Raurisertal zwanzig an der Zahl. Allerdings entsprang Omas Angst nicht nur der wilden, riesenhaften Alpenkulisse, sondern auch der Tatsache, dass mein Papa während der 1700-Höhenmeter-Abfahrt ständig das Bremspedal quälte anstatt die schonende Motorbremse zu nutzen. Mit solchen Passstraßen hatte er zuhause an der Ostsee nie zu tun. Unsere Bremsen begannen zu qualmen, aber gerade als es anfing brenzlig zu werden, hatten wir die Talsohle erreicht, und Oma begann wieder aufzuleben.

Das geschah irgendwann in den 1970er-Jahren, als ich mit Papa und Oma als Knirps ein paar Tage in Kärnten verbrachte. Zum ersten Mal sah ich das imposante Alpenpanorama und fuhr auf der höchsten befestigten Alpenstraße. Nun, einige Jahrzehnte später, haben wir fast 5000 Kilometer von Istanbul zurückgelegt, der Bulli hat sich wacker auf die Passhöhe am Tunnelportal hochgeschleppt, doch beim Abstieg fällt uns plötzlich auf, dass nur noch eine Bremse funktioniert! Jedes Mal zieht es den Wagen beim Bremsen nach links. Getriebeöl ist ausgelaufen und hat die rechte Bremse mehr oder weniger lahmgelegt. Wenn der Berg reden könnte, würde er wohl sagen: »Man sieht sich immer zweimal!«

Genau wie die Römer, die an dieser Stelle schon vor 2000 Jahren den Alpenhauptkamm querten, kommen wir von Süden hinunter ins Raurisertal. Seltsam, wie sich die Perspektive verändert: Gleich nach der Großglockner-Hochalpenstraße beginnt dort bereits der Norden. Die Täler sind dunkler, das Licht ist anders. Der Verkehr nimmt zu, die schmalen Täler sind zersiedelt, Gewerbegebiete quetschen sich zwischen Schnellstraße und Steilhang. An einer Tankstelle kaufen wir Manner-Schnitten und Almdudler und verspüren schon ein wenig Heimatgefühl.

Die Asiaten kommen

Wir wollen am Abend noch nach Hallstatt, an den Ort, der wie kein zweiter in Österreich das Gefühl von Alpenidyll und Heimat perfekt widerspiegelt. Das Dorf im Salzkammergut wurde mitsamt seiner Region 1997 zum UNESCO-Weltkulturerbe gekürt. Alle wollen Hallstatt sehen, vor allem Touristen aus Asien. Über eine halbe Million Besucher zählt das 800-Seelen-Dorf jährlich, die meisten kommen für drei Stunden vormittags als Tagestouristen mit dem Bus aus Salzburg, abends sind sie schon in Wien. Der Hallstatt-Hype hat chinesische Investoren sogar bewogen, 2012 den gesamten Ort in der subtropischen Provinz Guangdong originalgetreu nachzubauen.

Brotzeit an einem alten Hof im Osttiroler Defereggental
Der Heimatfilm aus den 1950er-Jahren lässt grüßen! Erst Mitte Mai wird die schmale Verbindungsstraße über den Staller Sattel nach Südtirol für den Verkehr freigegeben.

Am Hochtor-Tunnel auf der Großglockner-Hochalpenstraße erreicht der Bulli seinen Höhenrekord auf unserer Tour durch Europa: 2505 Meter über dem Meeresspiegel – yeah!

» *Wenn Berge da sind, weiß ich, dass ich da hinaufgehen kann, um mir von oben eine neue Perspektive vom Leben zu holen.* «

Hubert von Goisern

> *Am Hallstätter See dauert die ewige Ruhe zehn Jahre, manchmal vierzehn, selten länger.* «

Christoph Ransmayr

Im Nachbarort Obertraun ist vom Touristenrummel nichts zu spüren, wir übernachten dort in einem 230 Jahre alten Bauernhof. Die Wirtin führt uns die schmale Holzstiege hoch ins erste Stockwerk zu den einfach möblierten Gästezimmern. Unter unseren Schritten knarzt der dunkle Dielenboden, an den Wänden prangen Hirschgeweihe und ein Ölgemälde mit Christusmotiv. Kaminholzduft und Stille ringsum. In diesen Räumen ist die Zeit eingefroren, in den letzten 50 Jahren hat sich an der Einrichtung nichts geändert, quasi perfekt abgestimmt auf den T1-Bulli.

Am nächsten Morgen schälen wir uns aus dicken Federbetten. Erst jetzt bei Tageslicht nehmen wir die theatralische Landschaft um uns herum wahr: Hinter den Streuobstwiesen im Schwemmland des Flusses Traun schießen die Kalkfelsen fast senkrecht in den Himmel. Trotz der ungünstigen Lage ist der Winkel seit der Jungsteinzeit, seit schier unglaublichen 7000 Jahren besiedelt. Auch daran sind die Berge schuld, denn in ihrem Innern schlummert das kostbare Salz, das »Weiße Gold«. Im 19. Jahrhundert entdeckte man oberhalb des Dorfes ein riesiges, über 2500 Jahre altes Gräberfeld. Die rund 500 Jahre lange Epoche, aus der es stammte, nannte man nach dem Fundort Hallstattkultur. Opulente Funde, wie Bernstein von der Ostsee, Bronzegeschirr aus Italien, Waffen und Glas aus Slowenien, beweisen einen regen Handel der Hallstätter mit allen Teilen Europas. Nach den Kelten übernahmen die Römer den Salzbergbau und ließen sich in feudalen Villen am See nieder. Bis zum heutigen Tag lebt Hallstatt vom Salz – und vom Tourismus.

Mit dem neuen Blick auf die Natur kamen Mitte des 19. Jahrhunderts die ersten Touristen zunächst nur unter größten Mühen in das entlegene Dorf am Fuße des imposanten Dachstein-Gebirges. Erst in der Folgezeit nahm eine Schifffahrtslinie ihren Betrieb über den See auf, kurz darauf wurde am Westufer eine erste Zufahrtsstraße in den Fels gesprengt. Fast jeder Quadratmeter im Ort ist dem Steilhang abgerungen, die Durchgangsstraße verläuft mittlerweile durch einen Tunnel am Dorf vorbei. Die Straße zum Marktplatz ist ein einziges Spalier aus Souvenirläden, Cafés und Restaurants. Alpenwelt trifft auf Asien: Japanische Lampions baumeln am Seeufer von einer Platane, ein Geschäft wirbt mit »Dirndl to go«.

Hallstatt und seine Toten

Über dem eng und verschachtelt gebauten Ortskern thront die katholische Kirche und bietet eine weitere Hallstätter Attraktion: den Karner. In diesem einzigartigen Beinhaus liegen seit dem 17. Jahrhundert die Gebeine der Hallstätter Verstorbenen. Auf dem kleinen Friedhof lagen die Toten höchstens 15 Jahre, dann exhumierte man aus Platzmangel die Gebeine, ließ sie in der Sonne bleichen und verzierte die Schädel mit kunstvoll gemalten Lorbeerkränzen, Eichenlaub oder Rosenblättern.

Vor dem Knochenhaus steht ein winziges Kassenhäuschen, der Eintritt in den Gewölberaum kostet einen Euro. Es ist noch früh, die Touristenbusse aus Salzburg und Český Krumlov sind noch nicht in Hallstatt eingetroffen, ich bin mit 600 Totenschädeln und Tausenden von Gebeinen alleine. Aber seltsam, der Raum hat überraschenderweise so gar nichts Gruseliges an sich, eher etwas Geborgenes und Feierliches dank der Schädelbemalungen und Schrift-

Im Beinhaus von Hallstatt haben über 600 teils kunstvoll bemalte Schädel ihre letzte Ruhestätte gefunden.

Der kleine Ort Hallstatt im Salzkammergut wird alljährlich von über einer halben Million Touristen aus aller Welt, besonders von Asiaten, besucht.

VOM GROSSGLOCKNER NACH BURGHAUSEN

züge, die jedem Toten seine Individualität geben. Eine halbe Stunde später stürmt die erste Ladung Touristen mit Pocketkameras und Smartphones in das Totenhaus, eine Gruppe Brasilianer blitzt die Schädel an, zwei japanische Mädels posieren für Selfies vor den Gebeinen. Nach 30 Sekunden sind alle wieder verschwunden – rastlose Trophäenjäger der Moderne. Danach flüchte auch ich, nicht vor den Totenschädeln, sondern vor der nächsten mit Blitzlicht bewaffneten Meute, und suche den letzten Totengräber auf.

Wir treffen uns in seiner Wohnung am Steilhang hoch über der Dorfstraße, aber er möchte überhaupt nicht mehr über diese Zeit sprechen. Professor Friedrich Valentin Idam kam als junger Mann in den 1980er-Jahren nach Hallstatt. Nach der Ausbildung an der Holzbildhauerschule blieb er, weil der Ort einen neuen Totengräber suchte. Sieben Jahre lang arbeitete er als Totengräber und letzter Schädelmaler. Damals haben ihn Hallstatts Bewohner auch in der Quizshow *Was bin ich* angemeldet. Natürlich erriet kein Ratefuchs den Beruf »Totenkopfbemaler«. Durch die Fernsehsendung wurde der österreichische Schriftsteller Christoph Ransmayr auf ihn aufmerksam. Er schuf ihm in seiner Kurzgeschichte *Die ersten Jahre der Ewigkeit* ein literarisches Denkmal. »Am Hallstätter See«, so heißt es in Ransmayrs Erzählung, »dauert die ewige Ruhe zehn Jahre, manchmal vierzehn, selten länger.«

Friedrich Idam ging nach seiner Totengräberzeit nach Wien, studierte Architektur und kehrte schließlich als Professor an seine alte Schule zurück, die heutige Bundeslehranstalt für Möbel- und Innenraumgestaltung. Er ist ein literaturbegeisterter Intellektueller und noch heute mit Ransmayr befreundet. Wir reden über die verschiedenen Welten innerhalb Europas, über die so ganz andere Wahrnehmung einer Reise durch die limitierte Geschwindigkeit eines alten Bullis. Dann spannt er einen großen Bogen über die Jahrtausende in Hallstatt. Seiner Meinung nach hat der Ort schon immer eine Prototypfunktion besessen, angefangen von der Lebensmittel- und Salzindustrie in der Bronzezeit. Dann kamen Arbeitsteilung und Industriespezialisierung im frühen 14. Jahrhundert, später – aber immer noch sehr früh – die Einführung von Krankenversicherung und Altersversorgung und schließlich heute der Tourismus aus Asien. Für Professor Idam bietet er einen Vorgeschmack darauf, dass bald ganz Europa von reichen Asiaten nur noch als *history land* bereist und wahrgenommen wird.

Einen Totengräber benötigt Hallstatt heute nicht mehr. Viele Menschen sind weggezogen, sie sterben woanders. Seit einiger Zeit gibt es außerdem oben im Echerntal einen Urnenhain. Doch ab und zu verfügen noch ein paar ältere Bewohner per Testament, dass ihre sterblichen Überreste ins Beinhaus sollen. Diesen Job übernimmt mittlerweile jedoch kein Hallstätter Totengräber mehr, sondern ein Bestattungsunternehmen aus dem nahen Bad Ischl. Spätestens im Jahre 2021 muss auf dem Friedhof wieder ein Grab freigeschaufelt werden …

Raus aus den Alpen!

Hallstatt und die Finsternis: Laut Friedrich Idam zeigt sich zur Wintersonnenwende die Sonne genau fünf Sekunden lang, doch auch im Sommer kann es hier im Winkel mitunter tagelang düster sein. Jetzt braut sich in Windeseile ein Unwetter zwischen See und Dachstein zusammen. Also raus aus den Alpen, weg von den tief hängenden Wolken! Wir fahren durch sanft geschwungenes, von der letzten Eiszeit abgehobeltes Hügelland nach Norden Richtung Bayern. Prompt wird es heller, die Sonne bricht immer häufiger durch. Kurz vor der Grenze erreichen wir die winzige Ortschaft Fucking. Durch den Trend zum Anglizismus hat der Weiler regionale Berühmtheit erlangt. Das meistgeklaute Ortsschild Österreichs ist mittlerweile durch Metallstäbe mehrfach gesichert. Vor dem Weiler weist ein erstes Straßenschild auf die Höfe Fucking 17, 18, 28, 35, 42 hin, direkt darunter ein Hinweis auf »Body Talk« in Fucking 18! Die »Ösis« besitzen schon einen sehr eigenen Humor, von Thanatos zu Eros ist es hier oft nicht allzu weit …

Wir lassen Braunau rechts liegen und überqueren bei Burghausen die Hochwasser führende Salzach. Willkommen im Freistaat Bayern – yeah, wir sind mit dem Bulli in Deutschland angekommen! Der Himmel, hier natürlich weiß-blau, feiert mit uns, es ist der erste Frühsommertag. Auf dem Marktplatz unterhalb der längsten Burganlage der Welt gönnen wir uns erst einmal eine Pause. Kaum haben wir den Oldtimer geparkt, rufen vier Teenager-Grazien begeistert: »Oh, ist der süß!« Mein Assistent Tobi, der für eine Zigarette vor dem Auto hockt, ist einen Moment lang irritiert. Dann wird ihm klar, dass nicht er, sondern der rot-weiße Bulli die Mädels verzückt!

Ankunft im Freistaat Bayern Der Bulli rollt die ersten Meter in Deutschland zunächst zum Marktplatz von Burghausen.

Körpersprache auf dem Land in Oberösterreich. Nach dem Totenkult im Salzkammergut ein schöner Kontrast (linke Seite)!

Der Grenzfluss Salzach trennt den kleinen österreichischen Ort Ach von der alten bayerischen Herzogsstadt Burghausen, über der die längste Burganlage der Welt thront (nachfolgende Doppelseite).

Friedrichshäng
Kilometer 7797 – Tag 51 bis 52

Eiserner Vorhang, Grünes Band

Von Regensburg nach Schönsee

Die bayerisch-tschechische Grenzregion ist eine Landschaft mit einem ganz eigenen Flair. Abseits der großen Städte und Touristenströme lebt hier in der Oberpfalz ein ganz eigener Menschenschlag: rau, aber herzlich! Wir halten mit dem Bulli an einem alten Grenzwirtshaus: Bei Bier und Blasmusik kommen Geschichten von Schmugglern, Fluchthelfern und vom Verlust der Heimat ans Tageslicht.

Es gibt Orte, die lassen einen einfach nicht mehr los – und einen dieser sonderbaren Ort wollte ich auf meiner Tour durch Europa unbedingt noch einmal besuchen. Drei Jahre zuvor war ich an einem eisigen Januartag durch Zufall hier vorbeigekommen. Eine Stichstraße hatte mich zu einem kleinen Dorf oben am Waldrand geführt. Am Ende des Weilers fanden sich ein weiß-blauer bayerischer Schlagbaum, das tschechische Wappen, ein Schild mit der Aufschrift »Landesgrenze«, dahinter ein Feldweg, den der dunkle Wald schnell verschluckte. Zwei Fußspuren führten durch den frischen Schnee hinüber. Unmittelbar neben dem Schlagbaum stand ein uraltes Wirtshaus mit zwei Holzscheunen. Kein Mensch war zu sehen, aber das Wirtshaus schien sporadisch geöffnet zu sein. Agententhriller, Fluchtgeschichten, Liebesdramen, all das wirbelte damals in meinem Kopf herum …

Eine traditionelle Gierseilfähre bringt den Bulli beim niederbayerischen Eining ans andere Ufer der Donau – ein Hauch von Amazonas-Abenteuer!

Den ganzen Weg von Regensburg durch das liebliche Naabtal mit den pittoresken Kalkfelsen glüht die Landschaft an diesem heißen Frühsommertag. Der Bulli ist trotz offener Schiebefenster ein einziger Backofen, wir lassen uns auf unserem Weg nach Osten Zeit und pausieren immer wieder unter Schatten spendenden Bäumen. Nur noch vereinzelt tauchen Dörfer auf, die Straßen sind leer. Es dämmert bereits, als wir das Grenzwirtshaus Gerstmeier erreichen. Kühle kommt von den böhmischen Wäldern herübergeweht. Dieses Mal brennt noch Licht in der alten Gaststube.

Dicke Außenmauern gegen die winterliche Kälte, ein Flur aus abgetretenen Granitplatten, in der Stube ein alter Dielenboden und blankgewetzte Holztische – Zeitreise. Quer durch den Raum führt ein Ofenrohr, darunter zapft der stämmige Wirt am Tresen ein Bier für den einzigen Gast, einen kleinen alten Mann mit schlohweißem Haar und freundlichem Gesicht. Über ihm an der Holzpaneelwand hängt ein Foto vom großen Staatsbesuch im Wirtshaus Gerstmeier: Im März 1982 tauchte hier Franz Josef Strauß mit seiner Polit-Entourage auf.

»Er hat dann sogar einen Fuß auf tschechisches Gebiet gesetzt und vor den versammelten Journalisten verkündet, dass die Grenze bis zum Jahre 2000 keinen Bestand mehr haben wird«, erzählt uns der Wirt, der als junger Mann und Schwiegersohn des alten Gerstmeier das historische Ereignis auf Super-8-Film festhielt. Danach kehrte die Gesellschaft im nahen Wirtshaus ein, es gab eine bayerisch-böhmische Brotzeit – Presssack, Geräuchertes und Leberkäs im Glasl –, dazu Ziehharmonika- und Zithermusik. Der Landesvater fühlte sich sauwohl, und seine Frau Marianne erhielt vom lokalen Textilfabrikanten ein maßgeschneidertes Dirndl, nachdem die Staatskanzlei die Maße der Landesmutter im Vorfeld verraten hatte.

Wir dürfen uns zum Gast setzen und bestellen eine Maß. Der alte Mann ist hinter der Grenze aufgewachsen, nur zwei Kilometer vom Wirtshaus entfernt. Er stammt aus dem Dorf Plöß, das heute nicht mehr existiert. Als er dort 1933 geboren wurde, lebten über 700 Sudetendeutsche auf der kargen Plösser Hochebene, auf der nur Hafer gedieh. Fünf Jahre später flohen die Männer des Dorfes vor der tschechischen Generalmobilmachung ins nahe Hitler-Deutschland, um nur ein Jahr darauf für den Führer und das Großdeutsche Reich in den Krieg ziehen zu müssen. »Im Sommer 1946 mussten wir über Nacht alle Sachen packen. Manchmal erscheint es mir wie gestern. Per Lastwagen kamen wir ins Lager, kurz darauf ging es mit dem Zug nach Westen, alle paar Tage eine neue Flüchtlingsunterkunft«, erzählt der alte Mann. In seiner Stimme klingt Wehmut, aber kein Zorn.

In die verlassenen Häuser zogen aus dem Osten vertriebene Karpato-Ukrainer. Doch mit dem Kalten Krieg mussten sie drei Jahre später die Grenzzone wieder verlassen, und die Häuser wurden bald darauf geschleift. Zurück blieben nur die tschechischen Grenztruppen, der Eiserne Vorhang fiel. Bis dahin gab es in den Wäldern zwischen Böhmen und Bayern eine uralte Schmuggeltradition. Pascher nannte man die Leute, die meist Vieh, nach der Teilung Europas aber auch Menschen, auf verschlungenen Wegen über die Grenze brachten.

Der alte Mann erwähnt schließlich zwei besonders schillernde Persönlichkeiten, die in der Nachkriegszeit gemeinsam Schmuggelgeschäfte betrieben: Auf der tschechischen Seite Josef Zika, auf der deutschen die Schwarze Marie. Josef Zika kam 1946 als Förster aus der Nähe von Prag nach Plöss. Mehrfach sah man ihn auf deutscher Seite in der Grenzregion umherreisen, angeblich war er auch Doppelagent. Tschechische Soldaten erschossen ihn 1951 und verscharrten ihn auf dem Plösser Friedhof. Den verwüsteten Friedhof hat der alte Mann nach der Grenzöffnung mit seinem Heimatverein und tschechischen Helfern in monatelanger Arbeit wieder hergerichtet.

In einer Ecke der Gaststube entdecke ich an der Wand einen Plan des nahen Geisterdorfes mit einer Liste der früheren Bewohner. Hinter ihren richtigen Namen sind in Klammern ihre Spitznamen aufgeführt: Webergirch, Schraubengirgl, Balawenzl, Zanglseppl, Schlackenpeppi, Spielmichl und Butterresl – Namen so voller Poesie und Zärtlichkeit, dass sie so gar nicht zur rauen Landschaft und den traurigen Ereignissen passen.

Durch menschenleeres Land

Es ist spät geworden, ein paar Bier zu viel, wir schlagen auf einer Wiese unterhalb des Wirtshauses unser Zelt auf – nur 20 Meter von der früher hermetisch abgeriegelten Grenze entfernt. Wo früher Sperrzäune, Elektrodrähte und Minen den düsteren Fichtenwald durchzogen, stehen heute Fallen gegen Borkenkäfer. Aus dem Eisernen Vorhang wurde das Grüne Band Europas, ein Schutzgebiet für seltene Tiere und Pflanzen.

Die Sonne steht hoch am Himmel, als wir mit dem Bulli die Grenze passieren. Erst seit Kurzem ist der schmale Schotterweg auch für Autos geöffnet. Hinter dem Wald tauchen frisch gemähte

Im alten Grenzwirtshaus Gerstmeier treffen wir Fred Drachsler, der als Sudetendeutscher aus dem nahen ehemaligen Plöss stammt. Über uns hängt das historische Foto mit Landesvater Franz Josef Strauß, der hier 1982 die Grenze besuchte.

Am Rand des Böhmerwalds erstrecken sich die Wiesen des ehemaligen sudetendeutschen Dorfes Plöss. Nur das ehemalige Forsthaus ragt aus der einsamen Grenzlandschaft heraus (rechts oben). Fährmann Nick Werner bringt uns mit der Gierseilfähre über die Donau (unten links). Begegnung im oberpfälzischen Dietersdorf nahe der Grenze zu Tschechien (unten rechts).

Wiesen und grasende Kühe auf, doch keine Häuser und Menschen. Nur das ehemalige Forsthaus von Josef Zika existiert noch, von einem tschechischen Unternehmer zum Wirtshaus umgebaut. »Untergegangenes Dorf« steht auf einem Schild vor überwucherten Grundmauern im Dickicht. Das klingt nach Naturkatastrophe, Erdbeben, Flutwellen, doch der Untergang war das Werk von Menschen.

Weiter oben im Wald liegt auf fast 1000 Höhenmetern die Bügellohe: ein paar einsame Wiesen, die sich bereits auf bayerischer Seite befinden. Sie gehörten einst Bewohnern aus dem Plösser Gebiet. Elf Familien zogen nach ihrer Vertreibung in diesen von bayerischer Seite nur schwer zugänglichen Winkel, errichteten provisorische Häuser und hofften auf eine baldige Rückkehr in die zum Greifen nahe alte Heimat. Sogar ein kleines Wirtshaus mit Kegelbahn bauten sie für sich in den Wald, aber mit den Jahren zerstob die Hoffnung: Drüben war ihr Heimatdorf zerstört, hüben führte keine Straße zu ihnen hoch, weder Strom gab es noch fließend Wasser. Im Winter mussten die Kinder der Bügellohe zu Fuß und mit Skiern vier Kilometer durch den tiefen Schnee zur Schule hinunter ins nächste Dorf, nach Stadlern, stapfen. Der letzte Bewohner, der Gabterpeppi, verließ erst 1969 die abgeschiedene Waldsiedlung – nach fast einem Vierteljahrhundert.

Hinter dem alten Grenzwirtshaus Gerstmeier in Friedrichshäng führt ein Waldweg am Schlagbaum vorbei nach Tschechien.

Musikantenstadl in der Scheune des Grenzwirtshauses (rechte Seite)

Wir fahren mit dem Bulli über schmale Forstwege durch vergessenes Land. Dichte Wälder liegen hier, die Natur hat sich nach der Vertreibung der Bewohner schnell alles zurückgeholt. Es ist ein Unterschied, ob man durch eine niemals besiedelte Region fährt oder eine Landschaft, die zwei Generationen zuvor noch bewohnt war. Eine tiefe Melancholie liegt über dem unberührten weiten Landstrich. Ich spüre das Fehlen der früheren Bewohner. Die Geister sind noch da, der Schraubengirgl, der Balawenzl, der Bramichl …

Nach 20 Kilometern durch den Wald lichtet sich das Tal. Hinter einem breiten Wiesengürtel erreichen wir das Dorf Nemanice. Früher wohnten hier Grenztruppen, heute hausen Roma-Familien in den halbverfallenen Häusern. Am Dorfeingang begrüßt uns der »Club Eso« – ein rotes Herz mitten im Grünen Band. Ein bärtiger Mann kommt mit einem Schäferhund aus dem heruntergekommenen Haus, er hält uns für Kundschaft. Ab 20 Uhr sei heute geöffnet, ruft er uns über die Straße zu. In den 1950er-Jahren siedelten die kommunistischen Machthaber viele Roma als ungeliebte Mitbürger aus anderen Landesteilen ins Abseits vor der Sperrzone um. Schon tagsüber ist die morbide Stimmung im Dorf allgegenwärtig – es ist keines Bewohner Heimat.

Am Dorfausgang parken vor dem villenartigen Edelclub »Maxim« drei PS-starke Jeeps. Wir übernachten lieber noch einmal in Deutschland und landen in Weiding: drei Gasthöfe für 500 Einwohner, der Schweinsbraten mit Knödel für 5,90 Euro, die Maß für 2,10 Euro. Die Grundversorgung im bayerisch-böhmischen Grenzgebiet ist reichlich, gut und günstig, für Vegetarier jedoch eine grausame Ödnis.

Am nächsten Tag steuern wir noch einmal das alte Grenzwirtshaus an. Abends gibt es Blasmusik, nicht in der Gaststube, sondern in der großen Nachbarscheune, die wegen des unklaren Grenzverlaufs schon einmal ein paar Meter versetzt werden musste. Plötzlich ist der Vorplatz zugeparkt, ein paar Autos stehen sogar auf tschechischer Seite hinter dem Schlagbaum. Aus der ganzen Gemeinde kommen sie zu ihrem Musikantenstadl, die Scheune ist gerammelt voll, die Gaudi echt.

Geschichten ohne Ende

Die Menschen hier sind aus hartem Holz geschnitzt: Sie könnten den früheren Zeiten nachtrauern, als die Grenzförderung die Gemeindesäckel auffüllte, die Urlauber aus Berlin in Scharen kamen, die Winter noch Ski und Rodel gut verhießen und die Jugend noch in der Region blieb. Aber das Leben war nie einfach in dieser Ecke, und irgendwie wird es mit ihrer Heimat schon weitergehen, notfalls auch mit den »halbfoatzn«, den zugezogenen Städtern, die hierher in den Winkel flüchteten und von den niedrigen Grundstückspreisen profitierten. Und so feiern sie an diesem Abend mächtig zu böhmischer Blasmusik, Brotzeit und Bier.

Der Wirt erzählt mir Geschichten von tschechischen Holzfällern und Grenzern, die mitten im Kalten Krieg heimlich beim Gerstmeier ihr Bier tranken. Das ging nicht immer gut. Als einmal angetrunkene Soldaten sich selbst im Bierkeller bedienen wollten, hat sie der alte Gerstmeier einfach aus der Wirtschaft geschmissen. Daraufhin schossen sie wutentbrannt auf der Dorfstraße MG-Salven in die Luft, die Bewohner flüchteten sich in ihre Häuser und befürchteten den Ausbruch eines neuen Krieges …

Gegen Mitternacht werden immer skurrilere Geschichten aufgetischt, nur eines bleibt tabu im Wirtshaus: Wer war die sagenumwobene Schwarze Marie? War es tatsächlich die Schwester vom alten Gerstmeier, die zusammen mit Josef Zika, dem Förster und angeblichen Doppelagenten, hüben wie drüben Geschäfte machte? Ich muss noch einmal hierher ins Wirtshaus an der Grenze.

Beim niederbayerischen Kloster Weltenburg durchbricht die Donau die Jurafelsen Richtung Kelheim und Regensburg. Bereits in vorgeschichtlicher Zeit siedelten hier Menschen, unter den Römern existierte hier in der Nähe des Limes eine Militärstation.

» *Wohl ist alles in der Natur Wechsel, aber hinter dem Wechselnden ruht ein Ewiges.* «

Johann Wolfgang von Goethe

Hřensko
Kilometer 8310 – Tag 54 bis 58

Kühles Bier und kaltes Herz

Von Domažlice in die Böhmische Schweiz

Tschechien: mitten in Europa und doch so unbekannt! Am Rand des Böhmerwalds kämpft eine kleine tschechische Privatbrauerei erfolgreich gegen den Bier-Goliath aus Pilsen. Und in der Hauptstadt Prag drängeln sich Abertausende von Touristen aus aller Welt durch die Gassen der über 1000 Jahre alten Stadt – nur ganz früh morgens hat der Bulli die Goldene Stadt ganz für sich allein.

Chicago liegt im Böhmerwald fünf Kilometer hinter der Grenze: ein einsames Haus mit rotem Herzchen hinter einer hohen Hecke mitten im Wald. In großen Lettern leuchtet der Tarif an der Hauswand: ab 40 Euro. Unser erstes Ziel in Tschechien befindet sich zwanzig kurvige Landstraßenkilometer hinter diesem zwiespältigen Etablissement: Domažlice, das ehemalige Taus, ist eine Kleinstadt mit einem historischen Marktplatz, um den sich Renaissancehäuser mit Laubengängen scharen, jeder Menge kleiner Geschäfte und zwei großen Stadttoren. Vorsichtig rattert unser Bulli über das Kopfsteinpflaster des langen Marktes – für einen Moment lang fühle ich mich in die Zeit von Pferdekutschen und k. u. k. Husarenreitern zurückversetzt. Wir übernachten im Sokolský dům, dem ersten Hotel am Platz. Bei Gulasch und Bier erfahren wir vom Wirt südböhmische Geschichten: über die slawischen Choden, die im 13. Jahrhundert als freie Bauern die Grenze zum Nordgau, dem späteren Bayern, zu bewachen, über die 650-jährige Brautradition in Domažlice, die erst mit der Wende abrupt beendet wurde. Heute steht auf dem Gelände der ehemaligen Brauerei ein Kaufland-Supermarkt.

Aber ich möchte hier in der Bierregion Böhmen eine Story über das tschechische Nationalgetränk fotografieren, und so fahren wir in der sommerlichen Hitze ostwärts weiter nach Kout. Die alte Landstraße schlängelt sich durch sanftes Hügelland, am Horizont gen Westen erhebt sich der dichte Forst des Böhmerwaldes, den die Tschechen Šumava nennen. Hier ist die Landschaft noch nicht durch Schnellstraßen, Strommasten, Windkraftparks und Funkmasten zerschnitten und zur optimierten Nutzfläche degradiert.

Eine Zeitreise

Kout ist ein kleines, stilles Dorf am Fuß des Böhmerwaldes. Auf der holprigen Dorfstraße passieren wir das ehemalige Schloss des Grafen von Schönborn, das nach dem Krieg verstaatlicht wurde und heute als Schule genutzt wird. Hinter einer Bachbrücke mit dem obligatorischen heiligen Nepomuk steht das gutshofartige historische Brauereigebäude. Als der Bulli vorsichtig durch das große hölzerne Eingangstor in den Innenhof zuckelt, begrüßen uns zwei Rottweiler, die in einem Zwinger bellen. Ein Mitarbeiter mit einem Humpen Bier in der Hand führt uns in das versteckt gelegene Büro. Es sieht ziemlich anders aus als in einem aufgeräumten deutschen Mittelstandsbetrieb: An der Wand prangt neben einer Galerie von Pokalen für gewonnene Bierwettbewerbe ein fast mannsgroßes Ölgemälde im Heldenstil des sozialistischen Realismus. Es zeigt einen kräftigen Mann mit selbstbewusstem Blick und verschränkten Armen.

Das historische Zentrum der westböhmischen Kleinstadt Domažlice mit ihrem charakteristischen langgestreckten Marktplatz und den Arkadengängen steht seit 1975 unter Denkmalschutz.

»Das ist Bohuslav, mein Braumeister. Das Bild hab ich extra für ihn anfertigen lassen«, erklärt uns ein untersetzter Mann mit mächtigem Bizeps und Tattoos an den Oberarmen. Es ist Jan, der Chef der Kouter Brauerei. Gerade ist auf seinem Laptop eine Bierorder aus dem Ausland angekommen, jetzt muss er sich erst einmal eine Zigarette gönnen. Eine halbe Minute später stehen zwei gut gefüllte Bierhumpen für uns auf dem Bürotisch. »Das ist unser 10er-Bier, ganz leicht, hat gerade 4,5 Prozent Alkohol«, beruhigt uns Jan. Während wir das sehr süffige Bier antesten, erzählt er uns die wechselvolle Geschichte der Brauerei, die wahrscheinlich schon kurz während des Dreißigjährigen Krieges existierte. Schriftlich belegt ist 1736 die Gründung durch die Grafen von Stadion, die das Brauereigebäude in der Form ausbauten, wie es heute noch existiert. Als die Eigentümerfamilie im 20. Jahrhundert ausstarb, übernahmen die Grafen von Schönborn den Betrieb bis zu ihrer Vertreibung nach Kriegsende. Nach dem Krieg wurde zunächst wieder Bier gebraut, später Likör hergestellt, bis schließlich während der Wende 1989 die komplette Destillerie von alten Seilschaften verkauft und das gesamte historische Anwesen als kommunale Mülldeponie verscherbelt wurde.

»Fünf Jahre lang haben wir hier Müll aus dem alten Brauereigebäude herausgeschleppt, exakt 156 LKW-Muldenkipper!«, erzählt uns Jan nicht ohne einen gewissen Stolz. Als er im Jahr 2001 das Grundstück kaufte, hatte es bereits elf Jahre lang als Müllkippe gedient. Doch Jan besaß die Vision, die alte Tradition dort wieder aufleben zu lassen. Er ließ sich nicht beirren, aber er brauchte auch den richtigen Partner für die hohe Braukunst. Jan fand seinen Braumeister in einem Baumarkt in Domažlice: Bohuslav, der jahrelang in der Domažlicer Brauerei gearbeitet hatte. Doch die Pilsner Brauerei kaufte den Traditionsbetrieb 1991 auf und liquidierte ihn bereits drei Jahre später, um einen weiteren lästigen Konkurrenten loszuwerden. Bohuslav wurde arbeitslos und begann irgendwann in einem Baumarkt als Verkäufer zu arbeiten, bis ihn schließlich Jan überredete, die Tradition des Kouter Bieres wieder aufleben zu lassen.

Flüssige Geheimnisse

Bei einem Rundgang durch die jahrhundertealten Gewölbe, in denen das Bier in den Stahlkesseln vor sich hin gärt, treffen wir auf Bohuslav. »Das weiche Wasser ist ganz wichtig«, verrät uns der Braumeister. Den Standort ihrer geheimnisvollen Quelle irgendwo tief im Böhmerwald verrät er uns aber nicht, den kennen nur er und sein Chef. Die besondere Qualität des Kouter Bieres entsteht aber auch durch seine lange, fast dreimonatige Lagerung – Pilsner lagert durchschnittlich nur sieben Tage. Der David aus Kout gegen den Goliath aus Pilsen: Als kleine Brauerei kann Kout den Gaststätten kein Mobiliar zur Verfügung stellen, deshalb tut sich der Bierzwerg mit seinen jährlich 10 000 Hektolitern Ausstoß trotz der vielen Auszeichnungen auf dem heimischen Markt sehr schwer. Ein Viertel der Produktion geht ins Ausland.

Hinter dem Karpfenweiher, aus dem einst im Winter das Eis für die Bierkühlung im Gewölbe geschlagen wurde, liegt ein schönes schattiges Plätzchen zwischen den Bäumen. Wir haben Brot und Wurst dabei, Bohuslav organisiert eine Hängematte und sorgt natürlich für das Bier. Beim Abschied geben uns die sympathischen Kouter einen ganzen Kasten Bier mit auf den Weg, jetzt auch ihr 18er-Starkbier mit zehn Prozent Alkohol. Wir verstauen die Kiste gut zwischen den beiden Bulli-Rückbänken – Vorrat für eventuelle harte Zeiten in Skandinavien.

In der Privatbrauerei von Kout testen Braumeister Bohuslav Hlavsa und Chef Jan Skala ihr Produkt.

Die historischen Gebäude der Privatbrauerei Kout stammen aus dem frühen 19. Jahrhundert, als sich die Brauerei im Besitz der Grafen von Stadion befand. Bereits 1736 begann man in Kout mit der Bierproduktion (rechte Seite).

»Bier aus Kout im Böhmerwald / birgt der Gesundheit höchstdienlichen Gehalt / Ein jeder sich auf mehr Schlucke freu' / von diesem bezaubernden Gebräu. / Ob draußen warm, ob draußen kalt, / Kouter Bier wird niemals alt.« Dieser wunderbar altmodische Werbeslogan verfolgt uns auf der dreistündigen Weiterfahrt nach Prag. Die Goldene Stadt besteht aus mehreren Ringen: ganz draußen die gesichtslosen Shoppingmalls und Industriezonen, dann die sozialistischen Plattenbauten in den Außenbezirken, als nächstes die nüchtern-sachlichen Häuser aus den 1920er- und 1930er-Jahren, der Jugendstil und die klassizistischen Bürgerhäuser und schließlich der historische Kern aus Alt- und Neustadt, der inzwischen jährlich über sechs Millionen Touristen aus aller Welt anzieht. Warum?

Prag ist »good old Europe« und hat völlig unzerstört den Zweiten Weltkrieg überstanden: Romanik, Gotik, Renaissance, Rokoko, vor allem Barock der Habsburger Herrscher, aber auch jede Menge Klassizismus bis hin zur Moderne. Eigentlich muss man als Tourist

Das Café Slavia ist ein berühmtes Künstlercafé am Ufer der Moldau in der Innenstadt von Prag.

Blick vom Altstädter Brückenturm, einem im 14. Jahrhundert erbauten gotischen Torturm, hinunter in die Gassen der Prager Altstadt (rechts oben). Das Café Louvre wurde in der Prager Altstadt im Jahre 1904 eröffnet – hier verkehrten manchmal auch Franz Kafka und Max Brod (unten links). Die Prager Altstadtkneipe »Pivnice U Kata« (Bierstube zum Henker) (unten rechts)

KÜHLES BIER UND KALTES HERZ

VON DOMAŽLICE IN DIE BÖHMISCHE SCHWEIZ

> *Was für eine Aussicht über Kirchenkuppeln, Dächer und Arkaden, über Jahrhunderte europäischer Geschichte!*

men auf Tschechisch, irgendwelche Kommandos schallen mir entgegen, wir sind offenbar in die Frequenz des Prager Polizeifunks geraten!

Man kann Prag in Ruhe erleben. Ganz ohne Touristen, die Bier- und Knödelfraktion, die coolen Hipster, die Jazzfans, die Schulklassen und Rentnergruppen. Zum Beispiel früh morgens um fünf Uhr am pseudobarocken Hanau-Pavillon mit dem umwerfenden Blick auf die Moldaubrücken, wenn der Nebel über dem Fluss emporsteigt. Oder eine Stunde später auf der weniger touristischen Kleinseite, wenn die erste Straßenbahn mit Pendlern vorbeirattert und die ersten kleinen Cafés für die Frühaufsteher öffnen. In diesen Momenten ist die Seele der Goldenen Stadt spürbar.

Von Prag in die (böhmische) Schweiz

Nach zwei Tagen in der tschechischen Hauptstadt geht es mit unserem Bulli weiter nach Norden. Schnell sind wir wieder in der lieblichen böhmischen Hügellandschaft und erreichen den Oberlauf der Elbe. Kontrastprogramm: Für eine halbe Stunde passieren wir die trostlose nordböhmische Schwerindustriezone, vorbei an Kraftwerken, Industriebrachen und heruntergekommenen Siedlungen. Doch dann beginnt urplötzlich ein kleines Paradies: charmante kleine Schindelhäuschen, liebevolle Gärten in kleinen, gepflegten Dörfern auf den Bergrücken östlich der Elbe – die Böhmische Schweiz. Kurz vor der sächsischen Grenze wollen wir am frühen Abend mit dem Bulli auf einer winzigen Fähre noch einmal über die Elbe. Wir verpassen die letzte Abfahrt um fünf Minuten. Erst jetzt bemerken wir, dass wir den Bulli auf einem mit Kameras bewachtem Parkplatz abgestellt haben. Er gehört allerdings nicht zur winzigen Fähre, sondern zu einem einzeln stehenden Anwesen am Elbufer. Wieder die roten Herzchen wie schon bei der Einreise. Damals Chicago, jetzt ist es Rio Relax …

vor dieser Überdosis Geschichte kapitulieren. Wo soll man anfangen? Vielleicht auf dem Krönungsweg, den die böhmischen Könige bei ihrer Inthronisierung im Mittelalter vom Pulverturm über die Karlsbrücke zur Prager Burg auf dem Hradschin abschritten. Heute zieht sich dort eine endlose Touristenprozession über die Karlsbrücke. Amerikaner, Russen, Deutsche, Koreaner, Inder – es könnte in diesem Moment auch die Chinesische Mauer, der Grand Canyon oder die Akropolis sein … *It's so awesome!* Aber nein, es ist kein Disneyland, sondern in Stein gemeißelte echte Geschichte aus mehr als 1000 Jahren!

Ich flüchte vor den Massen, kraxle die 138 Stufen hoch auf den gotischen Altstädter Brückenturm vor der Karlsbrücke, um aus der Vogelperspektive unseren Bulli in der Altstadt zu dokumentieren. Was für eine Aussicht über Kirchenkuppeln, Dächer und Arkaden, über Jahrhunderte europäischer Geschichte! Unten fährt mein Assistent Daniel den Bulli durch die Gassen, wir stehen per Walkie-Talkie in Kontakt. Plötzlich antworten mir im Äther aufgeregte Stim-

Boxenstopp für den Bulli in der böhmischen Provinz bei coolen Schraubern in Kdyně

Blick vom Altstädter Brückenturm auf die Karlsbrücke und den Hradschin mit der Prager Burg: Die Karlsbrücke aus dem 14. Jahrhundert verbindet die Altstadt mit der Kleinseite am Westufer der Moldau (rechte Seite).

Das Prager Moldaubrücken-Panorama mit dem Bulli auf der Mánes-Brücke um fünf Uhr morgens: Nur wir sind unterwegs, die Stadt schläft noch (nachfolgende Doppelseite).

Berlin
Kilometer 8914 – Tag 60 bis 63

Blaue Blumen im Kohleland

Von der Niederlausitz nach Berlin

Deutschlands wilder Osten: In der Lausitz nahe der polnischen Grenze fressen sich die Bagger immer noch durch die Braunkohle, aber gleich daneben leben Wölfe in den Wäldern. Mit dem Bulli entdecken wir zu Mittsommer in einem kleinen Dorf ein exotisch anmutendes Fruchtbarkeitsritual, das man eher im Urwald Südamerikas vermutet.

Proschim, Horno, Bluno – das klingt nicht deutsch, sondern nach tief im Osten. Kein Wunder, denn wir fahren seit zwei Stunden durch das Siedlungsgebiet der Sorben nahe der polnischen Grenze. Hier in der Lausitz ist vieles anders als im Rest der Republik: Zweisprachige Schilder kündigen die Siedlungen an, riesige Tagebauwüsten und Industriebrachen erstrecken sich direkt neben kaum besiedelten Naturlandschaften, in denen Deutschlands größte Wolfspopulation lebt.

Bereits im 6. Jahrhundert kam die slawische Minderheit während der Völkerwanderung aus den Gebieten nördlich der Karpaten in das Land zwischen Elbe und Neiße. Heute sprechen hier nur noch etwa 20 000 Menschen die sorbische Sprache im Alltag. Dies ist vor allem eine Folge der Assimilierung im alten Preußen und der Germanisierung während der Nazizeit. Gleichzeitig begann Ende des 19. Jahrhunderts der Braunkohlebergbau in der Lausitz. Er zerstörte die Region der Sorben seit den 1950er-Jahren durch großflächigen Tagebau.

Auf dem Weg zum Aussichtspunkt im gigantischen Tagebau Welzow-Süd kommen wir durch Proschim. Auf den ersten Blick eine 300-Einwohner-Dorfidylle um 1900: rote Backsteinbauten, ein altes Rathaus, ein Dorfmuseum in einer alten Schule, propere Höfe. Doch dann entdecken wir die vielen gelben Kreuze und kämpferische Parolen entlang der Dorfstraße – stiller Protest gegen die geplante Zerstörung des Dorfes. Es ist paradox: Trotz der propagierten Energiewende darf der Tagebau erweitert werden, obwohl Braunkohle der klimaschädlichste Energieträger ist.

Hinter der Aussichtsplattform erstreckt sich die 50 Quadratkilometer große Grube: Endzeit, Mondlandschaft. Das Kohleflöz liegt in über 100 Meter Tiefe wie ein Streifen Zartbitterschokolade in einer staubigen Sahnenussschnitte. Unter einer 500 Meter langen Abraumförderbrücke wühlen sich monströse Schaufelradbagger gefräßig durch das lockere Erdreich, jeder verschlingt über 200 000 Kubikmeter pro Tag. Ameisengleich werkeln tief unter uns ein paar Menschen, von Weitem nur erkennbar durch ihre orange leuchtenden Schutzwesten. Staubfahnen ziehen über schier endlos aufgewühlte Brache, am Horizont speit das Kraftwerk Schwarze Pumpe ohne Unterlass seine Dampfschwaden in den Himmel – der Schweiß der geschundenen Erde …

An der Kanzel treffen wir Günter, einen Bauern aus Proschim. Er ist wie alle Landwirte im Umland gegen die Vernichtung des Dorfes, ihrer Heimat. Doch eine Mehrheit der Bewohner, meist in der Braunkohle beschäftigt, hat für den Ausbau und gegen den Erhalt ihres Dorfes gestimmt. Seit den 1960er-Jahren hat die Braunkohle in der Lausitz über 80 Dörfer verschlungen, wurden fast 30 000 Menschen umgesiedelt, oft gegen ihren Willen und heftigen Wider-

Tief im Wald bei Casel in der Niederlausitz pflücken alljährlich Mitte Juni ein paar Männer Binsen und Seerosen aus Moorteichen für ihr Johannisreiter-Fest – wir dürfen ihrem Trecker mit dem Bulli folgen.

stand. Natur- und Heimatschutz kontra Arbeitsplätze: 16 000 Menschen sind heute im Brandenburger Braunkohlebergbau und den Zulieferbetrieben beschäftigt, zu DDR-Zeiten gab es in der Region noch 60 000 Arbeitsplätze. Ohne die Braunkohle bräche die gesamte Infrastruktur in der Lausitz zusammen, sie ist Fluch und Segen zugleich. Das weiß Günter, darum plädiert er auch nicht für den sofortigen Stopp, sondern ist nur vehement gegen den weiteren Ausbau. Mit einem alten Sprichwort verabschiedet er sich bei uns: »Gott hat die Lausitz geschaffen, aber der Teufel hat die Kohle darunter gelegt.«

Für die Renaturierung der verwüsteten Landschaft wurden Milliarden bereitgestellt. Bis zum Jahr 2030 soll durch die Flutung ehemaliger Tagebaugruben die Lausitzer Seenplatte und damit Europas größte künstliche Seenlandschaft entstehen. Ich bin hier jedoch auf der Suche nach Heimat, nach alten Traditionen, die noch nicht verschüttet sind. Da gibt es im Sorbenland das Zampern, mit dem zu Fastnacht der Winter ausgetrieben wird, zu Walpurgis das Hexenbrennen und im Herbst das Hahnrupfen. Nun geht es auf Mittsommer, auf den Johannistag zu. In einem kleinen Dorf namens Casel findet alljährlich das Johannisreiten statt, da wollen wir hin. Noch im 19. Jahrhundert feierte man dieses uralte sorbische Fest in vielen Dörfern der Niederlausitz, doch es geriet fast überall im Zuge der Assimilierung in Vergessenheit.

Über kleine Nebenstraßen fahren wir Richtung Norden übers Land. Schmale Alleen über weite Fluren, Kiefern- und Birkenwälder, doch entlang der Straße prangen plötzlich Warnschilder: »Sperrbereich – Vorsicht, Lebensgefahr!« Minen, Atommüll oder Warnung vor den Wölfen? Nein, hier lauert Gefahr durch gefährliche Erdabsenkungen. Dutzende von Nebenstraßen und Quadratkilometern sind gesperrt, ganze Häuser wurden bereits weggerissen, weil der lose Untergrund sich in Bewegung setzte. Früher hatte man in der Lausitz Angst vor der Absenkung des Grundwasserspiegels und einer Versteppung des Bodens. Heute steigt das Grundwasser durch die Flutung alter Abbaugebiete zu stark, Keller laufen voll. Gleichzeitig gelangen Sulfate und Eisenoxide durch das Auspumpen der Tagebaue in die Spree. Sie verfärben den Fluss braun und übersäuern ihn, bedrohen langfristig sogar die Trinkwasserversorgung der ganzen Region bis hinunter nach Berlin.

Tief im Osten

Ankunft in Casel: 370 Einwohner, eine Gaststätte, hinter Obstbäumen eine uralte Feldsteinkirche, der nächste Supermarkt zehn Kilometer entfernt. Die einzige Pension ist bereits belegt, wir stehen mit dem Bulli etwas unschlüssig am Ende des Dorfes herum. Plötzlich schießt ein riesiger schwarzer Labradorhund vom nächsten Grundstück auf uns zu, macht auch vor dem Gartenzaun nicht Halt und springt uns kläffend an. Ein kräftiger Mann in blauer Mechanikermontur tritt aus einem Schuppen und beruhigt uns: »Das ist Elvis, der tut nur so, der ist ganz kuschelig.« Der Hofhund knurrt unvermindert weiter, doch sein Besitzer beachtet ihn gar nicht, denn er hat plötzlich nur noch Augen für unseren rot-weißen Bulli.

In Eisenhüttenstadt, der einstigen Musterstadt für die Arbeiterklasse an der Oder, prangt das Wandmosaik »Taube aus der Hand« von Walter Womacka im Stil des sozialistischen Realismus am ehemaligen Kaufhaus »Magnet«.

Das ehemalige Gut Geisendorf liegt hart am Rande des 112 Quadratkilometer großen Braunkohletagebau Welzow-Süd, aus dem jährlich 20 Millionen Tonnen Braunkohle gefördert werden (rechte Seite).

> *Gott hat die Lausitz geschaffen, aber der Teufel hat die Kohle darunter gelegt.*

Lausitzer Sprichwort

Bernd ist ganz begeistert von der Vorstellung, dass unsere Tour von Istanbul zum Nordkap ausgerechnet durch Casel wegen des Johannisreitens führt. Er überreicht uns Hunde-Leckerli, damit wir mit Elvis Freundschaft schließen können. Eine Viertelstunde später trinken wir mit Bernd und seiner Frau Martina Kaffee in ihrem Innenhof. Sie bieten uns spontan an, in den Jugendzimmern ihrer beiden erwachsenen Söhne, die nur alle paar Wochen ihr Elternhaus besuchen, zu übernachten – Gastfreundschaft in der Lausitz!

Abends trifft sich das Dorf im alten Festsaal neben der Gaststätte. Der Einmarsch der Trachtengruppe in den Saal, das traditionelle Eintanzen, ist der Startschuss für das Johannisfest. Volkslieder, deutsche Schlager, Oldies-Pop, dazu Lichtorgel, Discokugel, Hirschgeweih und ausgestopfte Tiere über der Bühne. Unsere Trinkfestigkeit wird von Mitgliedern des Traditionsvereins kurz überprüft, dann erhalten wir die Erlaubnis, an den Vorbereitungen zum Johannisreiten teilnehmen zu dürfen.

Die Nacht ist sehr kurz. Um fünf Uhr morgens zieht eine merkwürdige Karawane im Halbdunkel aus dem Dorf: Vorne ein Trecker mit Anhänger, auf dem sich acht Männer, jede Menge Bier, Schnaps, Badeklamotten sowie eine Zinkwanne befinden, dahinter wir mit dem Bulli. Es geht über sandige Feldwege und durch winzige Dörfer in einen urigen Wald hinein. Knorrige Eichen säumen unseren Weg, zu beiden Seiten erstrecken sich Teiche mit dichten Schilfgürteln, wir geraten immer tiefer in den Morast hinein.

Kontrastprogramm im wilden Osten Deutschlands: Gestern auf dem Mond, heute im Amazonas-Dschungel! So, wie das halbe Dutzend gestandener Männer bis zur Brust im moorigen Teich steht und nach Seerosen und Binsen sucht, könnte es sich genauso gut um irgendein geheimnisumwobenes indigenes Ritual im südamerikanischen Urwald handeln. Hier geht es jedoch um die traditionelle Krone des Johann aus Seerosen, Binsen und Blumen.

Als wir am späten Vormittag mit der Beute aus dem Teich ins Dorf zurückkehren, sitzen ein Dutzend Mädchen und junger Frauen im Halbkreis vor dem Feuerwehrhaus. In stundenlanger Handarbeit verweben sie Tausende von Kornblumen zu meterlangen Blumengirlanden für das Naturhemd des Johann, der hoch zu Ross den Menschen die Fruchtbarkeit zur Sommersonnenwende bringen soll. Johann wird derjenige, der zuvor im Herbst beim Hahnrupfen als geschicktester Reiter hervorgeht. Dieses Jahr heißt er im bürgerlichen Leben Marcel, ist Autolackierer und stammt aus dem Nachbardorf. Wie bei einem Topmodel nesteln ständig Frauen an ihm herum, nähen sein blaues Blumengewand vom Hals bis zu den Knien an seine Kleidung und passen die geflochtene Blumenkrone seinem Kopfumfang an.

Showdown für den Maskenmann

Gegen Mittag macht sich die Prozession auf den Weg über die Dorfstraße zum Festplatz in ein nahes Kieferwäldchen: vorne die Mädchen und Frauen in sorbischer Tracht, dahinter der Johann mit seinen zwölf Reitern, gefolgt von der Bergmannskapelle und den übrigen Bewohnern. Als er auf dem Festplatz mit seinem Gefolge mehrfach hoch zu Ross an den Zuschauern vorbeigaloppiert, verwandelt sich der Autolackierer in seinem Blumenrankengewand

Über abgelegene Feldwege geht es morgens um fünf Uhr mit Trecker und Bulli zum Pflücken der Seerosen zu einem einsamen Waldsee, den nur die Einheimischen kennen.

VON DER NIEDERLAUSITZ NACH BERLIN

und mit der Maskenkrone aus Seerosen, Kartäusernelken und Rosen auf einmal in ein Fabelwesen. Und wenn gemäß dem Ritual schließlich seine Begleiter ihn verlassen und eine johlende Meute von Mutigen auf den Platz stürzt, um dem Maskenreiter die Krone vom Kopf zu reißen und die Fruchtbarkeit für sich zu ergattern, dann ist der mystische Waldgeist endgültig in ihn gefahren: Der Johann wehrt sich nach Leibeskräften, blaue Blüten und Ranken fliegen durch die Luft, er prescht in vollem Galopp wütend durch die Meute der Fänger, versetzt ihnen kräftige Gertenhiebe, als ob es um Leben und Tod ginge! Einzig die Aussicht, mit allen hübschen Mädchen danach auf der Bühne tanzen zu dürfen, lässt ihn schließlich langsamer reiten. Ein junger Bengel setzt zum Sprung an, reißt ihn vom Pferd herunter und schnappt sich die Krone unter dem Applaus der Zuschauer. Für seinen Einsatz erhält der Johann eine neue Krone, aber da ist er längst schon wieder Marcel.

Als wir zwei Tage später in Berlin einrollen, fragt mich eine Bekannte, wo wir uns herumgetrieben hätten und deutet auf die kompakte festgebackene Masse aus Schilfgräsern und Matsch am Radkasten des Bullis. Sofort fällt mir der Ohrwurm vom Festplatz beim Johannisreiten wieder ein: »Kornblumen in deinen Haaren, jeder weiß, wo wir waren, doch das ist uns egal …«

Die neue Krone des Johann ist fertig! Drei kleine Mädchen in der Lausitzer Tracht bestaunen das Kunstwerk im örtlichen Feuerwehrhaus.

Nach dem Johannisreiten darf der mit Kornblumengewand und Krone geschmückte Johann traditionell zum Lohn mit allen Mädchen des Dorfes tanzen (rechte Seite).

Das Johannisreiten beginnt Der prächtig geschmückte Johann hat bei seinem symbolischen Ritt durchs Land zunächst Helfer an der Seite. Am Schluss steht ihm kein Reiter mehr zur Seite – Startschuss für ein paar Mutige, den Johann vom Pferd zu reißen und die kostbare Krone (= Fruchtbarkeit) zu ergattern.

Hallig Langeneß
Kilometer 9892 – Tag 63 bis 70

Stadt, Land, Fluss und Meer

Von Berlin nach Nordfriesland

Mitten im Stadtdschungel von Berlin treffen wir auf zwei besondere Zeitzeugen der wechselvollen Geschichte. Zwischen der Hauptstadt und der Nordsee ganz viel Natur und wenig Menschen – mitten in Deutschland. Ganz oben hinterm nordfriesischen Deich geht's mit dem Halligpostboten durchs Wattenmeer – eine kleine Verschnaufpause für den Bulli!

Um 4.30 Uhr morgens schläft selbst die Vier-Millionen-Stadt Berlin noch. Wir sind mit dem Bulli fast alleine auf der Straße des 17. Juni und rollen im ersten Tageslicht auf das Brandenburger Tor zu. Für die perfekte Retrostimmung müsste eigentlich hier noch die Mauer stehen, wir fahren Richtung Alexanderplatz weiter nach Osten, als ob der martialische Betonriegel zwischen Ost und West niemals existiert hätte. In zwei, spätestens drei Stunden sind die Arterien der Metropole mit Autos verstopft, aber jetzt herrscht noch die Magie eines Sommermorgens. In Friedrichshain schwanken die letzten Nachtschwärmer mit geröteten Augen aus den Clubs an der Revaler Straße, eine junge Frau schließt ihren Kiosk auf. Unweit davon stehen am Ostkreuz noch die Fragmente der Berliner Mauer, die East Side Gallery mit der berühmten Graffiti-Ikone vom sozialistischen Bruderkuss. Aus Geschichte wird Kunst. Oder eine Luxusimmobilie wie im Fall des nahen ehemaligen Stasi-Gefängnisses Rummelsburg, das sich heute BerlinCampus nennt und schicke Apartments beherbergt. Die ganze Stadt ist eine emsige Baustelle, die letzten Brachen aus dem Krieg werden mit neuen Wohnhäusern gefüllt – Berlin ist in, der Wohnraum wird knapp und teuer.

Alles ist in Bewegung. Hipster ziehen plötzlich ins Multi-Kulti-Viertel nach Neukölln oder in den früheren Stasibezirk nach Lichtenberg. Und in Kreuzberg wohnen neben den letzten Punks und Altrevoluzzern auf einmal gutverdienende Lehrerpärchen und liquide Pensionäre aus dem Schwabenland. Zum Frühstück parken wir den Bulli in Kreuzberg vor einem netten kleinen Café namens »7 Schwestern«. Eine Geschichte über Frauenpower: Meryem kam mit ihrer Familie aus dem hintersten Ostanatolien nach Deutschland. Ihr Mann verstarb früh, sie hat weiter in einem Metallwerk geschuftet und alleine sieben Töchter in Deutschland großgezogen. Alle sind berufstätig, drei von ihnen arbeiten im »7 Schwestern«. An der Wand des liebevoll dekorierten Cafés hängen alte Familienbilder aus dem kargen Anatolien, aber Zeyned und ihren beiden Schwestern ist Berlin längst zur Heimat geworden.

Ein verrückter Trip

Kreuzberg ist wie ganz Berlin für mich immer auch Zeitreise – diese fragmentierte Stadt als Spiegelbild der zerrissenen Seele Deutschlands mit dem Erbe des Naziterrors, des Zweiten Weltkrieges und der SED-Diktatur fasziniert mich seit Jahrzehnten. Bereits in den 1980er-Jahren habe ich dort düstere Hinterhöfe, Punks und Wohlstandsbürger an der Mauer fotografiert. Da mich auch die andere Seite interessierte, beschloss ich bei einem Besuch im Mai 1986, mit einem Tagesvisum Ostberlin zu erkunden und so nah wie möglich an die Mauer zu gelangen. Dieses riskante Unternehmen schien am besten am Sophienfriedhof nahe der Bernauer Straße zu klappen. Irgendwie

Überblick am Nordostsee-Kanal Der Bulli auf dem Weg nach Norden

> **»** *›Genau so einen Bulli habe ich früher auch besessen‹, spricht uns ein Mann spontan auf den Oldtimer an. ›Damit habe ich meinen Bruder aus der DDR herausgeholt.‹* **«**

gelang es mir, ohne Passierschein den Friedhof zu betreten. Je näher ich an die Mauer gelangte, desto verwilderter wurde das Gelände. Eine alte Frau, die im Unterholz ein Grab pflegte, warnte mich vor patrouillierenden Volkspolizisten. Plötzlich stand ich im Schutz eines Busches vor einem Zaun, dahinter lag der gepflügte Streifen mit der Hinterlandmauer, der nächste Wachturm nur einen Steinwurf entfernt. Schnell ein paar Fotos, und dann nix wie weg!

30 Jahre später steht hier die Mauer genauso wie damals, allerdings durchlässig und nur noch als Fragment. Auch wegen meiner eigenen Geschichte fahren wir mit dem Bulli noch einmal quer durch das Zentrum dorthin und parken in der Ackerstraße nahe der Gedenkstätte Berliner Mauer. »Genauso einen Bulli habe ich früher auch besessen«, spricht uns ein Mann spontan auf den Oldtimer an. »Damit habe ich meinen Bruder aus der DDR herausgeholt.« Was für eine verrückte Geschichte! Hubert Peuker fotografierte 1969 von der Ostberliner Seite aus die Grenze heimlich ab, um den idealen Fluchtweg zu finden. Dann floh er hier an der Bernauer Straße nachts über den Minengürtel und die Mauer nach Westberlin. Drei Jahre später – nach einer Generalamnestie der DDR – schmuggelte er versteckt in einem umgebauten Bulli seinen Bruder über die Grenze. Beim Versuch, die Freundin des Bruders kurz danach herauszuholen, wurde er geschnappt und zu drei Jahren Einzelhaft verurteilt. Wieder in Ostberlin, wurde er nach der Hälfte der Haftzeit von der Bundesrepublik freigekauft.

Das Wunder zu überleben

Schicksale über Schicksale. Wie sähen Europa, Deutschland und Berlin heute aus, wenn es den Naziterror und damit den Zweiten Weltkrieg nicht gegeben hätte? Am nächsten Tag treffe ich einen älteren Herrn, der diese Zeit noch selbst erlebt hat. Dafür fahren wir mit dem Bulli beim legendären Savoy Hotel unweit des Kurfürstendamms vor. Im Savoy stiegen Berühmtheiten wie Greta Garbo, Romy Schneider und Helmut Newton ab. Ich komme wegen Walter Frankenstein, der als »Deutscher jüdischen Glaubens«, wie er sich selbst nennt, mit seiner Frau und seinen zwei kleinen Kindern die Kriegsjahre 1943 bis 1945 im Untergrund überlebt hat. Das Überleben stand für ihn auf vier Pfeilern: Keine Angst, Frechheit, Glück und gute Freunde – damit konnte man sich eventuell vor der Deportation nach Auschwitz retten.

Er erzählt eindrücklich vom Umherirren in der Großstadt, von tagelangem Hunger, kostbarem Schlaf in der Opernaufführung, von jüdischen Spitzeln, hilfsbereiten Prostituierten und Verstecken im Grunewald. Der 92-jährige berichtet über seine dramatischen Schicksalsjahre ohne Hass, aber mit scharfem Verstand und oft auch mit viel Humor. Seit 60 Jahren wohnt er in Schweden, reist aber seit den 1980er-Jahren oft und gerne nach Berlin. »Hier lebe ich auf, in Stockholm erhole ich mich!« Schließlich öffnet er eine Schatulle. Zum Vorschein kommt der Judenstern, den er entgegen dem Befehl im Herbst 1941 nie an seinem Mantel anbrachte. Unter dem gelben Stern liegt sein Bundesverdienstkreuz, das er 73 Jahre später als Anerkennung für seinen unermüdlichen Einsatz für Demokratie und Toleranz erhielt. »Die Nazis haben mich gezeichnet, Deutschland hat mich ausgezeichnet.«

Berlin – Geschichte an jeder Ecke Mauerrelikte mit Kunst an der sogenannten East Side Gallery (oben). Die Glienicker Brücke ist durch den Agentenaustausch zwischen West und Ost berühmt geworden (rechts oben). Im Savoy Hotel (unten rechts) treffe ich Walter Frankenstein, der in der Nazizeit mit seiner Familie im Untergrund überlebte (unten links).

VON BERLIN NACH NORDFRIESLAND

Das Brandenburger Tor – Symbol für Deutschlands Trennung und Wiedervereinigung. Morgens um halb fünf Uhr haben wir die Straße des 17. Juni für uns – nur etwas für Frühaufsteher!

» *Das Brandenburger Tor, herabgesunken zum Mausoleum an der Mauer, ist wieder Mittelpunkt und Monument.* «

Germund Fitzthum

Die Hamburger Speicherstadt im Hafenbereich ist ein historischer Lagerhauskomplex, der seit 2015 zum UNESCO-Weltkulturerbe gehört. Hinter den Kontorhäusern steht die Elbphilharmonie, Hamburgs neues Konzerthaus, das vor allem durch immense Kostensteigerungen in der Bauphase für Aufsehen sorgte (nachfolgende Doppelseite).

Zu gerne wäre Walter einen ganzen Tag lang mit uns und dem Bulli durch Berlin gefahren. Er hätte uns zu seinem alten Versteck an der Königsallee im Grunewald geführt, zum Prenzlauer Berg an die Schönhauser Allee, wo er in einem jüdischen Waisenhaus einige Jahre seiner Jugend verbrachte, zum Nordbahnhof, wo man damals ohne Essensmarken irgendeine undefinierbare Mahlzeit erhalten konnte. Aber sein Terminkalender für Berlin ist schon wieder bis zum Rand gefüllt. »Nächstes Mal, das läuft uns nicht weg!«, versichert er mir optimistisch mit einem verschmitzten Lächeln. Walter ist ein echter Oldtimer, er besitzt fast ein ganzes Jahrhundert an Lebenserfahrung, aber in seinem Herzen ist er immer noch jung und frisch geblieben.

Nach zwei ereignisreichen Tagen müssen wir raus aus Berlin. Die Metropole strahlt so viel pulsierende Energie aus, aber gleichzeitig nimmt sie den Menschen auch ganz viel Kraft: so viele müde Gesichter in der S-Bahn, so viele gestrandete Existenzen am Straßenrand. Mit dem Bulli nehmen wir natürlich die Klassikerroute am Funkturm vorbei, über die Avus, die erste Autobahn der Welt, durch den Grunewald zum Wannsee. Über die berühmte Glienicker Brücke, auf der früher Agenten zwischen Ost und West ausgetauscht wurden, gelangen wir in die Villenviertel von Potsdam. Hinter der preußischen Schlösserpracht von Sanssouci und Belvedere beginnt die einsame brandenburgische Sandbüchse mit ihren Wäldern, Seen und Wiesen. Auf kleinen Sträßchen und Pappelalleen tuckern wir in das ehemalige Junkerland des ostelbischen Adels. Die wenigen Straßendörfer liegen wie ausgestorben in der Junisonne.

Im Havelland steht die Zeit still. Von hier aus pendelt man nicht mehr nach Berlin zur Arbeit. Man zieht weg, wie so viele junge Leute nach der Wende, oder man schlägt sich irgendwie durch. Oder man fühlt sich berufen, an einem Ort zu bleiben – so wie Wolfgang Schröder, einer der letzten fünf Flussfischer an der Havel. Schon als Knirps besaß er nur diesen Berufswunsch, mit 16 Jahren war er bereits Fischer. Der schlanke Mittvierziger lebt am Zusammenfluss von Rhin und Havel mit seiner Familie in einem alten, leuchtend roten Fischerhaus zwischen einer über 150-jährigen Windmühle und dem mäandernden Fluss – ein Idyll mit Caspar-David-Friedrich-Flair. Seit 1750 ist seine Familie im Fischhandel tätig, schon sein Urgroßvater lebte hier als Fischer. In seinem Revier, dem Gülper See, fängt er mit Zugnetzen Hechte, Zander, Plötzen und Brassen sowie die eingewanderte Wollhandkrabbe. Die beste Fangzeit ist für Wolfgang allerdings nicht jetzt im Sommer, sondern erst im Herbst, wenn die Fische nicht mehr so aktiv sind. Für ihn ist es vor allem wichtig, sein eigener Chef und draußen in der Natur zu sein.

Die Nordsee ruft

Natur ist auf halber Strecke zwischen Berlin und Hamburg im Überfluss vorhanden. Aus den Elbniederungen taucht die alte Hansestadt Havelberg mit ihrem gotischen Backsteindom auf, flussabwärts das Europäische Storchendorf Rühstädt, schließlich gelangen wir nach der Überfahrt mit der kleinen Elbfähre bei Schnackenburg in den hintersten Winkel des Wendlands. Wir sind mit dem Bulli an diesem Sommerabend die einzigen, die hinüber nach Niedersachsen wollen. Zwischen Rapsfeldern und Wiesen tauchen Protestzeichen gegen das Atommüllendlager Gorleben auf. Die einheimischen Bauern und die zugezogenen Aussteiger sind älter geworden, aber der Widerstand ist geblieben. In der Dämmerung fahren wir durch die Nordheide auf Hamburg zu. Kurz vor Mitternacht kommen wir in der Speicherstadt an, dem ältesten Teil des Hamburger Hafens. Es ist ein ganz besonderer Moment, hier an der Elbmündung wieder das Meer zu erreichen. Vor vielen Wochen haben wir bei Triest die Adriaküste, Weinberge und Olivenhaine hinter uns gelassen. Hier in Hamburg beginnt der Norden: Oft kühl und nüchtern kann er zu jeder Jahreszeit wüten und mit atlantischen Regenfronten einen kostbaren Urlaub oder einen ganzen Sommer vermiesen. Manchmal aber besitzt er eine Magie und Erhabenheit, die man niemals im Süden findet. Wir

haben Glück, ganz großes Glück: Ein stabiles Skandinavienhoch kündigt sich für die nächsten Tage an.

Das ist wichtig für unser nächstes Etappenziel: Nordfriesland. Doch erst einmal rollen wir Richtung Nordwesten aus Hamburg heraus. Je flacher die Landschaft, desto größer der Himmel. Hinter Husum türmen sich weiße Wolkenkathedralen über der weiten Landschaft. Ein paar windschiefe Bäume stehen verloren vor den Rudeln der Hightech-Windräder. Am Deich hinter Dagebüll wollen wir den neuen Halligpostschiffer treffen. Als wir aus dem Bulli steigen, hat uns der Norden gepackt: Es riecht nach Salz, Tang und Torf – der Horizont ist die einzige Grenze.

In Brandenburg auf schmalen Straßen durch dünn besiedeltes Land (linke Seite)

Die Elbfähre bei Schnackenburg bringt uns ins niedersächsische Wendland.

Eine Viertelstunde später rollt Johann Petersen mit seiner Lore an. Rauschebart, Wollmütze, wettergegerbtes Gesicht – Johann, den all hier nur Hanni nennen, entspricht genau dem Friesenklischee: freiheitsliebend, uneitel und immer geradeaus. Nachdem alle Postpakete und Briefe verstaut sind, rattern wir mit seiner Lore über den Damm durchs Wattenmeer. »Meine Familie lebt seit 800 Jahren hier auf den Halligen. Für mich gibt es keinen besseren Platz«, erzählt uns Hanni und zündet sich eine selbstgedrehte Zigarette an. »Hier können nur Individualisten überleben, hier muss man selbst zurechtkommen.« Der neue Halligpostschiffer war in seinem Leben auch schon als gelernter Reetdachdecker, Schäfer, Wasserbauwerker, Kaufmann und Landwirt tätig. Zwischenstopp auf der Hallig Oland, 20 Einwohner. Von hier aus führt Hannis Postroute mit seinem Kutter »Robbe« weiter, hinüber zur Hallig Gröde (14 Einwohner) und manchmal auch zur winzigen Vogelschutzinsel Hallig Habel, wo meist nur ein Vogelwart für jeweils ein paar Wochen lebt. Zielsicher steuert Hanni das kleine Postboot durch die Fahrrinnen, unterm Kiel liegen manchmal nur wenige Zentimeter Fahrwasser. Für den Ernstfall liegt neben dem Kompass eine Packung Prinzenrolle.

Sechs Tage in der Woche ist Hanni als Postbote mit Lore und Boot unterwegs, oft bei »Schietwedder« und immer abhängig von den Gezeiten. Zuhause auf der Hallig Langeneß schmeißt derweil seine Frau Irina den Laden, mit der er sechs Kinder hat. Irina ist keine Russin, sondern eine waschechte Schwäbin, die sich als Teenager während eines Sommerurlaubs in den Friesenjungen verliebte. Auf Langeneß leben 122 Einwohner auf den 18 Erdhügeln, den sogenannten Warften. Es gibt keinen Arzt und keine Polizei, dafür viel Wind und Wasser. »Land unter« herrscht an 15 bis 20 Tagen. Dann müssen die Bewohner das Pensionsvieh, das im Sommer per Fähre vom Festland auf ihre Hallig kommt, innerhalb von zwei Stunden auf die geschützten Warften treiben. Ein einzigartiger, vom ewigen Rhythmus der Gezeiten geprägter Ort, aber keine Insel: Eine Hallig ist eine Hallig. Wer Langeneß eine Insel nennt, muss dort erst einmal einen ausgeben.

4.30 Uhr morgens. Die Sonne steht im Nordosten bereits am Horizont. Johann Petersen trinkt seinen Kaffee draußen vor dem Haus und blickt von der Warft hinunter auf das Pensionsvieh in den Salzwiesen. Um sechs Uhr startet er mit seiner Lore und bringt uns Richtung Festland. Ein traumhafter Sommermorgen: Das Meer hat sich zurückgezogen, kein Windhauch weht, aber die Austernfischer, Küstenseeschwalben und Lachmöwen fiepen und trällern in den Salzwiesen um die Wette. In diesem Augenblick ist es auf der Hallig lauter als am Brandenburger Tor!

Mit dem Halligpostboten Hanni Petersen einen Tag lang mit seiner Lore und seinem Postboot unterwegs: Wetter und Gezeiten bestimmen den Rhythmus im Wattenmeer.

Nordfriesische Weite zwischen Schlüttsiel und Dagebüll (nachfolgende Doppelseite)

146 STADT, LAND, FLUSS UND MEER

VON BERLIN NACH NORDFRIESLAND

Örebro
Kilometer 10 997 – Tag 73 bis 78

Make Love, Not War

Von Rømø nach Örebro

Entlang der dänischen Westküste führt der Weg weiter nach Norden: Eine frische Nordseebrise und endlose Sandstrände, liebenswürdige Menschen und ein alter Leuchtturm, der bald ins Meer kippt. In Schweden treffen wir mit dem Bulli auf Henning-Mankell-Atmosphäre, auf Bullerbü-Klischees und auf eine Flüchtlingsfamilie mit einer besonderen Geschichte.

Der alte Hippie-Slogan – *love, peace and happiness* – lebt an diesem Spätsommerabend am kilometerbreiten Sandstrand auf der Insel Rømø wieder ein bisschen auf. Kein Woodstock, sondern das Ausklingen des alljährlichen Drachenfestivals. Immer noch stehen Dutzende Wohnmobile kreuz und quer auf dem riesigen Strand verteilt, über ihnen flattern Hunderte bunte, oft irrwitzig kreativ gestaltete Lenkdrachen im dänischen Küstenhimmel. Die einen manövrieren ihre Drachenzöglinge geschickt durch die Windböen, die anderen stiefeln selbstversunken entlang der Flutkante oder chillen auf ihrem Campingklappstuhl mit Blick auf das offene Meer — der Megastrand bietet genug Platz für individuelle Träume. Die relaxte Atmosphäre steckt an, der Bulli genießt die vielen hochgestreckten Daumen und so bleiben wir einfach bis zum Sonnenuntergang. Neben uns inmitten der Drachenflut steht ein einzelner mobiler Verkaufsstand mit *pølser* (Hotdogs) und Sahneeis, der typisch dänischen Kalorienbomben-Kombo!

Im Hafen von Frederikshavn warten wir auf die Fähre nach Göteborg.

Weiter entlang der Küste Richtung Norden. Das Meer hat seinen Namen geändert, hier in Dänemark heißt die Nordsee geografisch ganz korrekt *Vesthavet* (Westsee). Hohe Dünengürtel versperren dem Bulli meist den Blick aufs Meer, dafür sehen wir immer wieder Relikte einer ganz speziellen deutschen Immobilien-Fehlinvestition. Wer über die Westwallbunker nichts weiß, könnte die in düsterer Zeit entstandenen grauen Betonquader am Strand und in den Dünen fast für Land-Art halten.

Bei den glücklichsten Menschen Europas

In Lemvig am Limfjord steuern wir zunächst den Bahnhof an, ein stolzes Gebäude aus roten Backsteinen. Hier existiert etwas ganz typisch Dänisches: Die Lemvig-Bahn ist eine 60 Kilometer lange eingleisige Privatbahn im Nordwesten Jütlands, auf dessen Strecke rot-weiße Lynette-Triebwagen mit herrlich abgerundeten dreiteiligen Frontfenstern fahren. Sie wurden von 1965 bis 1984 im Krefelder Waggonwerk Uerdingen gebaut – der Retro-Stil passt einfach wunderbar zu unserem Bulli! Leider schließt eine Mitarbeiterin den Bahnhof vor unserer Nase, es ist 17 Uhr, doch als sie den Bulli sieht, kommen wir ins Gespräch. Martha muss erst ihre Kinder von der Schule holen, doch danach könne sie uns zu einer netten Privatunterkunft lotsen. Eine Viertelstunde später fahren wir durch das verträumte Hafenstädtchen hinter ihr her und landen am Stadtrand vor einem roten Klinkerhaus mit Garten. Niemand ist zu Hause, doch über der Klingel steht eine Telefonnummer. »Wir kommen erst am Wochenende zurück, nehmt euch einfach selbst den Wohnungsschlüssel. Der liegt hinter dem Gewächshaus unter dem großen Blumentopf«, antwortet mir der freundliche Herr am anderen Ende der Leitung. Und die Bezahlung? »Legt einfach das Geld ins Gästebuch!«

Für den nächsten Morgen hat uns Martha zum Arbeitsfrühstück der achtköpfigen Belegschaft in den Bahnhof eingeladen. Bei belegten Brötchen und Kaffee plaudern wir über die kleine Privatbahn, über den Wert von alten Dingen, über Bullis, Lynette-Wagen und über Europa. Vom Bahnhof sind es nur wenige Meter bis zu einer in Dänemark höchst ungewöhnlichen Sehenswürdigkeit: Lemvig besitzt nämlich eine Bergbahn, Dänemarks einzige Steilstrecke. Ein einzelnes Gleis führt vom Bahnhof über eine Spitzkehre hinunter zum Hafen. Auf 1,7 Kilometern Strecke überwindet die Schmalspurbahn den dramatischen Höhenunterschied von 33 Metern. Das ist hügelig und *hyggelig* (gemütlich) zugleich! Leider fährt die Bergbahn nur in den dänischen Sommerferien sowie zum Nationalfeiertag am 15. Juni. Die eingleisige Hauptstrecke führt von Vemb über Lemvig am Limfjord durch die Dünen bis zum Hafenort Thyborøn an der Nordseeküste. Dort draußen begegnen sich der Bulli und der Lynette (kleiner Blitz) an einem der vielen unbeschrankten Bahnübergänge in den Dünen. Auf dieser Strecke gibt es auch inoffizielle Haltestellen, die nicht einmal im Fahrplan stehen. Bei Bedarf hält der Zug sogar auf offener Strecke an. Auf der Bahn-Website heißt es wörtlich: »Wenn ein Fahrgast es wünscht, hält der Lokführer jedoch gerne mitten auf dem Bahnübergang, damit man direkt auf die Fahrbahn hinab aussteigen und gegebenenfalls in ein haltendes Auto steigen kann.«

Am Strand von Rømø treffen wir auf das alljährliche Drachenfestival. Vor uns die Nordsee, neben uns die typisch dänische Kalorienbomben-Kombo aus Sahneeis und Hotdogs!

Piratenschiff nördlich von Hvidesande Sind wir am Nordseestrand oder im Takatuka-Land (rechte Seite)?

MAKE LOVE, NOT WAR

Ihr Dänen seid einfach großartig, so umwerfend sympathisch – herrlich retro und gleichzeitig modern! Kein Wunder, dass ihr laut Statistik das glücklichste Volk in Europa seid!

Nördlich des Limfjords wird die Landschaft rauer und skandinavischer: Große Moorflächen, Kiefernwälder und Steilküsten prägen den Nordzipfel Dänemarks. Der Leuchtturm Rubjerg Knude aus dem Jahr 1900 musste wegen der größten Wanderdüne Europas vor 50 Jahren seinen Betrieb einstellen. Jetzt droht er wegen der Küstenerosion ins nahe Skagerrak hinunterzustürzen. Was machen die Dänen? Sie restaurieren kurzerhand ihren pittoresken Oldtimer auf seine alten Tage und öffnen ihn noch einmal für Besucher – wie charmant!

Eine besondere Nacht in Schweden

Am frühen Abend kommen wir im Hafen von Frederikshavn an und steuern den Bulli in den riesigen Schlund der Stena-Line-Fähre. Farvel Danmark – die letzte große Teiletappe beginnt! Nach dreieinhalb Stunden spuckt uns die Fähre kurz vor Mitternacht im Zentrum von Göteborg aus. Kein idealer Ort und kein idealer Zeitpunkt, schnell eine halbwegs erschwingliche Unterkunft zu finden, also erst einmal aus der Stadt hinaus. Zwanzig Kilometer schlängelt sich die beleuchtete Stadtautobahn an Vorstädten und Industriegebieten nach Nordwesten. Die Szenerie könnte auch irgendwo im Ruhrpott liegen, doch dann wird es schlagartig dunkel, die Autobahn hört auf, die Landstraße taucht in einen großen Wald ab.

Kaum jemand ist noch unterwegs, obwohl wir uns auf der Hauptroute nach Stockholm befinden. Die ersten herbstlichen Nebelschwaden ziehen auf, vorsichtig tuckern wir weiter durch die Nacht, spüren die Müdigkeit nach dem langen Tag. Endlich tauchen Lichter auf, eine einsame Tankstelle im Wald. Sie ist geschlossen, doch dahinter steht zwischen Kiefern ein flaches Gebäude mit der Leuchtschrift »Motel«. Die Eingangstür ist nicht verschlossen, aber niemand ist zu sehen. Im Gang brennt Licht, zwei Zimmertüren stehen offen, die Räume scheinen sporadisch bewohnt, aber wo sind die Menschen? Irgendwie ist hier die Energie nicht gut. Mit einem Schlag fühle ich mich in einer Parallelwelt, mittendrin in einem der morbiden Schauplätze eines Henning-Mankell-Krimis oder in einem David-Lynch-Film. Weg von hier, weiter durch die Nacht nach Norden.

Abseits der Hauptstraße finden wir schließlich auf einer Wiese zwischen Granitfelsen einen Platz zum Übernachten. Viel zu früh

Die Lemvigbahn fährt auf eingleisiger Strecke durch Dünen und Hügelland. Martha arbeitet für die charmante Privatbahn im Nordwesten Jütlands.

Überraschungen beim Übernachten In einer schwedischen Jugendherberge lebt eine Flüchtlingsfrau aus Somalia ganz alleine (rechte Seite links). Ein erleuchtetes Motel im Wald ist gänzlich verlassen (rechts).

weckt uns ein alter Bauer mit seinem Trecker. Doch er poltert nicht los, weil wir auf seinem Grundstück zelten, sondern streckt beim Anblick des T1 anerkennend den Daumen hoch – da ist er wieder, der Bulli-Bonus! Am frühen Nachmittag erreichen wir Örebro, eine alte Industriestadt auf halber Stecke zwischen Stockholm und Oslo. Es interessiert mich, wie eine ganz normale Stadt in einem Land aussieht, das seit über 200 Jahren keinen Krieg erlebt hat. An gesichtslosen Industriezonen und Sozialbauten vorbei geht es Richtung Zentrum, das eine Altstadt mit historischem Schloss besitzen soll. Auf einem großen Sportplatz neben der Hauptstraße findet ein Fußballspiel statt, es ist Samstag. Auf der altersschwachen Holztribüne sitzt ein versprengtes Häuflein Fans – wohl irgendein unbedeutendes Kreisklassenspiel –, aber das große Banner hinter ihnen macht mich neugierig: »Assyriska Föreningen«.

Auf dem Spielfeld herrscht ein bunter Völkermix, auf der Tribüne sitzen jedoch nur Menschen mit orientalischen Wurzeln. Ein sportlicher Mittvierziger spricht mich auf den Bulli an. Als er erfährt, dass PB Paderborn bedeutet, strahlt er mich an und erzählt, dass viele seiner Landsleute auch in Deutschland leben, in Gütersloh, Rheda-Wiedenbrück und Paderborn. Ilyas ist Vorsitzender der Assyrischen Gemeinde von Örebro. Seine Familie kam in den 1980er-Jahren von Südostanatolien nach Schweden. Sechs Jahre war er alt, als seine Familie ihr Heimatdorf Iwardo wegen der ständigen Repressionen durch Türken und Kurden verließ. Er erzählt mir von seinem Dorf in der Halbwüste nahe der syrischen Grenze, von einer Kirche, in der seit 1800 Jahren christliche Gottesdienste abgehalten

» *Mit einem Schlag fühle ich mich in einer Parallelwelt, mittendrin in einem der morbiden Schauplätze eines Henning-Mankell-Krimis …* «

werden, von der uralten assyrischen Sprache, in der Jesus einst mit seinen Jüngern sprach. Die Assyrer – oder auch Aramäer genannt – waren die Urchristen im Zweistromland von Euphrat und Tigris, und auch später, im Osmanischen Reich, war ein Drittel aller Menschen Christen. Mit dem türkischen Nationalismus kamen jedoch Pogrome und Repressalien, und so sind die Assyrer heute ganz ähnlich wie die Armenier in alle Welt verstreut.

Ilyas, der mit seiner Familie in Schweden bestens integriert ist, erzählt immer leidenschaftlicher vom tragischen Schicksal seines Volkes, das Fußballmatch wird zur Nebensache. Assyriska hat es noch vergeigt, 3:3-Endstand nach 3:0-Führung zur Halbzeit. Ärgerlich, aber es gibt Wichtigeres für Ilyas. Er ist besorgt über die gesellschaftlichen Veränderungen in Schweden. Aus der alten Heimat kommen auch keine guten Nachrichten, aber er gibt trotzdem die Hoffnung nicht auf, dass zukünftige Generationen wieder zurückkehren können …

Der pittoreske Leuchtturm Rubjerg Knude im äußersten Norden Jütlands wurde im Jahr 1900 errichtet. Wegen einer Wanderdüne wurde der Betrieb vor 50 Jahren eingestellt, jetzt droht er durch Küstenerosion ins nahe Meer zu stürzen.

> » *Jeder Tag ist der Anfang eines Lebens, jedes Leben ist der Anfang der Ewigkeit.* «
>
> Rainer Maria Rilke

Am norddänischen Limfjord soll uns die Lokalfähre am Nees Sund hinüber zur Insel Mors bringen. Sie ist nicht in Betrieb, also gönnen wir dem Bulli an diesem schönen Plätzchen erst einmal eine Pause (nachfolgende Doppelseite).

Femundsee
Kilometer 11 691 – Tag 79 bis 82

Coole Schlitten und heiße Ware

Von Örebro zum Femundsee

In den Wäldern Mittelschwedens leben wenige Menschen, aber jede Menge Individualisten. Die ganz besondere Leidenschaft der meisten sind restaurierte amerikanische Straßenkreuzer, die oft ganz unvermittelt irgendwo in der Landschaft auftauchen. Kurz vor der norwegischen Grenze geraten wir mit dem Bulli an zwielichtige Alkoholschmuggler.

Karge südanatolische Hügel mit uralten Wehrdörfern – dieses Bild verfolgt mich nach der Begegnung mit Ilyas in Örebro noch lange, während wir mit dem Bulli schon längst wieder tief in den schwedischen Wäldern stecken. Wir fahren durch alte Bergbaugebiete nach Norden: Kopparberg, Ludvika, Falun, wo das berühmte typische Rot für Schwedens Holzhäuser herstammt. All diese vom Wald umzingelten Städte haben schon bessere Zeiten gesehen, alle Erzgruben sind längst geschlossen. Schon im 19. Jahrhundert wanderten viele Schweden aus der bitterarmen Provinz Dalarna über den Atlantik nach Minnesota oder Dakota aus. Die Landflucht ist nicht gestoppt, überall entlang der Straße werden alte Höfe und windschiefe Scheunen zum Verkauf angeboten.

Plötzlich öffnet sich die Landschaft, und eine riesige tiefblaue Perle erstreckt sich vor uns – der Siljansee. Endlich wieder Licht und Raum, endlich Bullerbü-Land mit von Birken und Wiesen umsäumten roten Holzhäusern. Die ländliche Idylle wirkt wie nördliches Voralpenland: Almhütten, blumengeschmückte Bauernhöfe, der Tanz um den Maibaum, der hier Maistange heißt, Volksmusik und Mittsommerfeste in Trachten. Das alles ist jedoch kein Freilichtmuseum, sondern lebendige Tradition im Herzen Schwedens. Hier am Siljansee wohnen alteingesessene Bauern, genauso wie seit langer Zeit auch viele Künstler – Maler, Kunsthandwerker, Menschen mit Gespür für Design. Individualität wird hier überall gelebt, das zeigt sich auch in den legendären Oldtimer-Events »Big Lake Run« und »Classic Car Week« im Sommer.

Röhrende PS-Monster

Dafür sind wir zwei Monate zu spät dran, doch das Faible vieler Menschen für amerikanische Straßenkreuzer erleben wir im Hauptort Rättvik, ohne danach lange suchen zu müssen. Alle paar Minuten rollt irgendein imposantes Heckflossen-Flaggschiff durch die Verkehrskreisel der Hauptstraße. Wir tuckern mit dem Bulli auf den Hof der »Roadrunners« von Rättvik und parken unseren 44-PS-Zwerg zwischen amerikanischen Straßenkreuzern – eine betörende Phalanx im Retro-Stil! Hier treffen sich die Greasers, in Schweden »Raggare« genannt, in ihrem Klubhaus. Vor dem Eingang grüßt die Südstaatenflagge, an den Wänden des Lokals posieren laszive Pin-up-Girls vor Oldtimern, in der Mitte des Raumes steht ein merkwürdiger Aufbau, der ein wenig nach Folterinstrument aussieht.

»Komm, ich zeige dir, wie man darauf seinen Arm korrekt ablegt. Lass uns eine Runde Armdrücken«, bietet mir Sune grinsend an, ein sehniger James-Dean-Typ, lange Tolle und Koteletten, Pomade im Haar. Wir umfassen jeweils die rechte Hand des anderen,

Im Norden von Dalarna fahren wir mit dem Bulli durch schier endloses Wald- und Moorland Richtung norwegische Grenze. Vorsicht, Elche!

> *Die Liebe zu amerikanischen Straßenkreuzern trägt hier oben im Norden fast religiöse Züge.* «

bewegen zunächst unsere Unterarme wie Scheibenwischer, um die Muskeln aufzuwärmen. Dann geht's los – ich wehre mich tapfer, aber weiß in diesem Moment noch nicht, dass Sune einst landesweit Sechster in seiner Gewichtsklasse war … Nach dem Initiationsritual dürfen wir auch sein Schätzchen anschauen, an dem er hier in der Garage seit Monaten herumwerkelt, ein 73er Dodge Challenger mit »nur« 275 PS.

Draußen ertönt plötzlich ein tiefes dumpfes Wummern, dessen Stakkato eher nach Schwerindustrie als nach fahrbarem Vehikel klingt. Das ist Jonny Nilsson mit seiner 620-PS-starken schwarzen Chevrolet Chevette. Spontan lädt er uns zu einer kleinen Probefahrt durch die Stadt ein. Wir fädeln uns in den Feierabendverkehr ein, und dann, als zwischen zwei Kreisverkehren etwas Platz ist, tippt Jonny ein wenig aufs Gas: Der Motor heult jaulend auf, die raketenartige Beschleunigung drückt uns in die Sitze, der Wagen gerät ins Schlingern, rollt verdammt nahe an den Gegenverkehr heran. »Oh, es sind noch nicht die richtigen Reifen drauf«, lautet Jonnys lapidarer Kommentar, während mir einmal

wieder die Zerbrechlichkeit des Lebens bewusst wird. Wieder am Klubhaus angekommen, erwähnt Jonny noch einen guten Freund in den Wäldern, der einen alten Ami-Schlitten auf 1400 PS hochgetunt habe.

Die Liebe zu amerikanischen Straßenkreuzern trägt hier oben im Norden fast religiöse Züge. In ganz Schweden fahren mittlerweile mehr Fünfziger-Jahre-Straßenkreuzer als in den gesamten USA herum. Das liegt auch am guten Kontakt zur ausgewanderten Verwandtschaft in Amerika. Die Rebellen werden zwar auch älter, aber trotzdem werden jährlich über 4000 Straßenkreuzer nach Schweden importiert!

Durch endlose Wälder

Wir schalten wieder einen Gang herunter und fahren mit dem Bulli Richtung Nordwesten in die Einsamkeit der Wälder, in denen jede Menge Bären, Luchse und Elche leben. Irgendwo steht ein einsames Haus auf einer Wiese, verwelkte Blumen vor Gardinen, die seit Monaten nicht mehr bewegt wurden. Kein Mensch ist zu sehen, aber vor dem säuberlich aufgeschichteten Holzstapel parkt ein 1964er Cadillac. Er steht da mit einer Selbstverständlichkeit, als ob er wie die roten Holzhäuser und der große Wald schon immer zu Schweden gehört hätte.

Irgendwann gibt es nur noch Wald mit moorigen Seen. Aus einem Schotterweg biegt ein Volvo mit Hänger, auf dem ein erlegter Elch liegt. Eine Viertelstunde später ein Kahlschlag, ein Quadratkilometer radikal gerodeter Wald, Futter für die Papiermühlen. Welchen Charakter muss ein Mensch besitzen, um hier als Forstarbeiter in diesen schier unendlichen Wäldern jahraus, jahrein Baum um Baum zu fällen? Die Straße steigt an, Nebelbänke wabern durch den Herbstwald, in der Ferne fällt der Blick für einen Moment auf baumlose Gipfel, der skandinavische Fjäll. Im Winter sind Dalarnas Berge ein beliebtes Wintersportgebiet für die Städter aus Stockholm und Umgebung, aber jetzt ist in der Handvoll kleiner Ortschaften nahe der norwegischen Grenze der Hund begraben.

In Idre tanken wir noch ein letztes Mal vor der Grenze und der langen Strecke durch unbewohntes Gebiet. Hinter uns an der Tank-

Rund um Rättvik am Siljansee treffen wir auf die »Reggare« mit ihrem Faible für amerikanische Straßenkreuzer. Dazu gehört auch das rituelle Armdrücken in ihrem Klubhaus.

VON ÖREBRO ZUM FEMUNDSEE

stelle steht ein Wohnmobil mit norwegischem Kennzeichen. Kein Rentnerpaar mit bügelgefalteten Hosen, sondern zwei langhaarige tätowierte Typen aus Trondheim, die von unserem Bulli total begeistert sind. Sie kämen gerade von einer fantastischen Tour aus Deutschland zurück. Wenn wir wollten, könnten wir uns später mit ihnen am Femundsee treffen, denn sie würden dort eine gute Stelle zum Campen kennen.

An der Grenze in der Wildnis stehen statt Zöllner Rentiere herum. Sie kommen von oben aus dem Fjäll und passieren seelenruhig die Straße auf ihrer alljährlichen Herbstwanderung in die Täler. Als wir die Ufer des großen, einsamen Gebirgssees erreichen, steht das Wohnmobil mit den beiden Norwegern bereits auf einem Parkplatz an einer schön gelegenen Bucht. Knut und Rune laden uns auf ein Bier in ihren Camper ein. Kaum sitzen wir im Wagen, präsentiert uns Knut nicht ohne gewissen Stolz seine versteckten Kostbarkeiten: Jede Schublade, Klappe und Ablage, der Kühlschrank, der Zwischenboden, der Platz unter den Betten und den Fahrersitzen, praktisch jeder nicht gleich ersichtliche Platz ist randvoll mit Alkohol in verschiedensten Variationen gefüllt: Palettenweise Bier-Sixpacks, Wodka und Whisky, Rotwein, grüner Cannabis-Absinth …

Sie kamen aus ihrem Paradies, und das war ein Getränkemarkt in Ostholstein. Nun befanden sie sich auf den letzten Kilometern ihrer Einkaufstour. 60 000 norwegische Kronen, etwa 6500 Euro, würden sie an dieser viertägigen Schmuggeltour verdienen. Während Rune zu all dem schweigt, erzählt Knut ganz offen von ihrer »Geschäftsreise« in den Süden. Wie an der deutsch-dänischen Grenze die Zollbeamten nur nach Flüchtlingen schauten, aber keinen Blick für das flüssige Schmuggelgut besaßen. Sie wählten diesen entlegenen Grenzübergang, weil hier keine Kontrollen existieren. Der Coup war gelungen, sämtliche Grenzen waren glücklich überschritten. So ist zumindest Knut wohl schon seit einiger Zeit in Feierlaune und bechert ordentlich, während Rune nur eine Zigarette nach der anderen pafft. In der nächsten Runde wird zu getrock-

netem Rentierfleisch eine Kostprobe giftgrüner Cannabis-Absinth mit 70 Prozent Alkohol kredenzt.

Wie soll das enden? Wir brauchen eine Grundlage für den Schnaps und werfen unseren Campingkocher für eine schnelle Mahlzeit an. Knut will das Flair der Wildnis noch mehr spüren und ein Lagerfeuer entfachen. Das scheitert kläglich an der nassen Witterung. Aber er lässt nicht locker, er will sein Feuer und schüttet den kompletten Inhalt einer Wodkaflasche auf Reisig und Geäst. Als er ein Streichholz entzündet, schießt eine fast zwei Meter hohe Stichflamme empor, doch nach zwanzig Sekunden ist die Herrlichkeit schon wieder vorbei …

Später am Abend erfahren wir weitere Details aus dem Leben der beiden Schmuggler: Der Camper gehört den beiden überhaupt nicht, Rune fährt ohne Führerschein, Knut hat fünf Jahre seines Lebens im Knast verbracht, irgendetwas mit Drogen. Seine tätowierten Hände und Unterarme erzählen ihre eigene Geschichte. Mit der Schnapsflasche in der Hand bietet er uns an, komfortabel in ihrem Camper zu übernachten. Die Atmosphäre kippt bedenklich, Gewalt liegt in der Luft. Im Umkreis von mehreren Kilometern befindet sich kein Mensch außer uns. Mit Mühe gelingt es, ihn von einer mitternächtlichen Spritztour mit dem Bulli abzuhalten. Wir wünschen den beiden viel Glück auf ihrer Schlussetappe und fahren in die pechschwarze Nacht hinein, um irgendwo da draußen in Ruhe und Sicherheit zu campen. Willkommen im Wikingerland!

Lagerfeuer mit Alkoholschmugglern am einsamen Femundsee nahe der schwedisch-norwegischen Grenze (linke Seite)

Der Bulli auf der berühmten E 6 in Mittelnorwegen. Zum Nordkap ist es noch ein verdammt langes Stück!

Auf der Hochebene zwischen Røros und Steinkjer beginnt die Herbstfärbung Mitte September (nachfolgende Doppelseite).

Sandviken
Kilometer 12 723 – Tag 85 bis 88

Geld und Liebe am Silberweg

Vom Polarkreis zum Silvervägen

Der Bulli erreicht den Polarkreis – nur noch 1000 Kilometer bis zum Nordkap! Die Landschaft wird rauer, das Wetter stürmischer. Mitten im Fjäll, der baumlosen Hochebene, entdecken wir an der norwegisch-schwedischen Grenze einen bizarren Markt und lernen zwei Menschen kennen, die ihr Glück in der Wildnis Lapplands fanden.

Je weiter wir nordwärts fahren, desto tiefer reise ich in meine eigene Vergangenheit. Den hohen Norden entdeckte ich mit 16 Jahren per Interrail für mich. Wochenlange Rucksacktouren durch die einsame Wildnis, Mitternachtssonne, Polarlichter – prägende Erlebnisse als Teenager! So stieg ich auf dieser allerersten Tour mit drei Schulkumpeln auch direkt am Polarkreis aus der Bahn aus. Bolna hieß die Haltestation an der Baumgrenze – ein Haus. Von dort wollten wir mit unseren gelben Tramperrucksäcken zum Nasafjäll hochlaufen, einer alten Silbergrube an der Grenze zu Schweden. Doch das Wetter verschlechterte sich beim Aufstieg rapide, sodass wir auf halber Höhe umdrehten und zum »Bahnhof« zurückliefen. Fast einen halben Tag warteten wir auf den nächsten Zug. Wir hingen herum, balancierten im Regen auf den Gleisen, und dabei entdeckte ich auf den Schienen einen seltsamen Schriftzug eingraviert: »Krupp 1942«.

Damals hatte ich mir als Teenager keine weiteren Gedanken gemacht und vergaß das Erlebnis. Doch als wir nun mit unserem Bulli auf der Europastraße sechs parallel zur Nordlandbahn Richtung Polarkreis tuckern, fällt mir die alte Geschichte wieder ein. Kurz vor der Station Bolna stoßen wir auf einen Gedenkstein, der mit einem roten Stern geschmückt ist. Er erinnert an die Tausenden sowjetischen Kriegsgefangenen, die während des letzten Weltkriegs beim Bau dieser Strecke ums Leben kamen. Wäre der größenwahnsinnige Führerbefehl komplett realisiert worden, hätten die Norweger heute eine Bahntrasse bis Kirkenes an der russischen Grenze …

Es ist Mitte September. An der Baumgrenze schütteln die ersten Birken bereits ihr leuchtendes Herbstlaub ab. Weiter oben erstreckt sich eine riesige Hochebene aus Moospolstern, Teichen und Weidengebüsch, dahinter am Horizont steile Geröllfelder, in denen sich alte Schneewechten aus dem Vorwinter eingenistet haben. Die nahe Bahntrasse durchschneidet das Plateau mit einem Korridor aus langen Holztunneln, die vor Schneeverwehungen schützen. So etwas hätten wir jetzt auch für unseren Bulli gern, denn der böige Westwind frischt weiter auf und drückt den seitenwindanfälligen Oldtimer immer wieder bedenklich von der Straße weg. Statt einer feierlichen Polartaufe gibt es darum am Polarkreis nur einen kurzen Fotostopp – knapp 1000 Kilometer fehlen uns noch bis zum Nordkap!

Die norwegischen Wetterportale »yr« (Kraft und Regen) und »storm« verheißen für die gesamte Küstenregion nichts Gutes. Ihre Prognosen sind in der Regel zuverlässig, und so beschließen wir, auf dem Silvervägen (Silberweg) nach Osten Richtung Schweden abzubiegen, um die Leeseite der Berge zu erreichen. Diese Straßenverbindung zwischen Nordmeer und Ostsee wurde erst 1986 fertiggestellt, und ihr Name soll an die historische Transportroute von den Silberminen am Nasafjäll hinunter zu den Ostseehäfen erinnern.

Kurvenreich und eng schraubt sich die Straße durch Kiefernwald in die Höhe. Es dämmert bereits, als wir an der Baumgrenze

Auf der Europastraße sechs nähert sich der Bulli im Dunderlandsdal dem Polarkreis.

die Zollstation erreichen. Keine Kontrolle, kein Mensch. Einzelne Regenschauer ziehen übers Land, die Temperatur liegt hier oben nur noch knapp über dem Gefrierpunkt. Eine Viertelstunde später erreichen wir die Grenze. Hundert Meter dahinter taucht mitten in der Fjäll-Einsamkeit ein großer verlassener Parkplatz auf, an dessen Nordseite ein bescheidenes Wäldchen aus Krüppelbirken gegen das harte Klima ankämpft. Hier schlagen wir unser Zelt im nassen Unterholz auf.

    Über Nacht lassen Regen und Wind nach. Am nächsten Morgen reißt uns plötzlich ein bullernder LKW-Motor aus tiefem Schlaf. Ein 24-Tonner rollt mit Anhänger über den riesigen leeren Parkplatz. Der Fahrer steigt aus, steuert auf unser Zelt zu und bittet mich, den Bulli möglichst nah am Rand zu parken. Sein Unternehmen bräuchte jetzt viel Platz, da heute wieder Markttag sei. Markttag in der Wildnis? Er hätte auch Fußballländerspiel oder Erotikmesse sagen können, es hätte alles gleich absurd geklungen.

In Windeseile errichten vier »Heinzelmännchen« einen Marktstand aus einem Pavillonzelt und einem zur Seite geöffneten LKW-Laderaum. Der lange Trailer ist der eigentliche Minimarkt, den man durch den Hintereingang über eine Treppe betritt und vorne nach Bezahlung wieder verlässt. Seit fünf Jahren betreibt Dennis aus dem 140 Kilometer entfernten schwedischen Arjeplog an jedem Samstag sein mobiles Geschäft an der norwegisch-schwedischen Grenze. Nur zwischen Dezember und Februar pausiert er, weil Schneestürme und Dunkelheit einfach nicht unternehmerfreundlich sind.

Mitten in unberührter Natur entsteht an der norwegisch-schwedischen Grenze einmal pro Woche ein Grenzmarkt, auf dem wir Mokhtar, einen geflüchteten Journalisten aus Somalia, kennenlernen.

VOM POLARKREIS ZUM SILVERVÄGEN 171

Der Norwegermarkt ist für beide Seiten lukrativ, weil viele Waren in Schweden zum Teil erheblich billiger sind. Dennis zählt mir seine Top-Produkte mit der größten Preisspanne auf: Zigaretten, Tabak, Snus (Schnupftabak) und … Capri-Sonne! Die Norweger würden das Getränk wie verrückt kaufen, wegen des wohlklingenden Namens und der vielen darin enthaltenen Vitamine.

In den nächsten zwei Stunden kommen vor allem Norweger in die lappische Einöde gefahren, die weder Zigaretten noch Alkohol interessiert. Es sind Neubürger, insbesondere somalische Flüchtlinge, die in großem Stil Halal-Fleisch von geschächteten Tieren kaufen, so wie es der Prophet gebietet. Eine völlig bizarre Szenerie: Vor den Kühltruhen diskutieren bärtige Männer erregt auf Somali und Arabisch – Basar-Atmosphäre in den Bergen Lapplands!

Die meisten Männer wirken verschlossen, eine Ausnahme ist Mokhtar aus Mogadischu, ein junger, offener Typ, mit dem ich gleich ins Gespräch komme. Er stand als Journalist auf der Todesliste der islamistischen Al-Shabaab-Miliz. Mit dem letzten Geld der Familie brachten ihn Schleuser unter falscher Identität per Flugzeug nach Norwegen, wo er politisches Asyl erhielt. Für ihn ist Nordnorwegen die neue Heimat, an das nordische Klima hat er sich schnell gewöhnt. Bei Temperaturen um den Gefrierpunkt trägt er ein T-Shirt mit einem Drachenmotiv aus Thailand.

Als sich der Platz am Nachmittag leert, fahren wir dem Silvervägen noch ein Stück nach Schwedisch-Lappland hinein. Schnell lassen wir die schroffen grauen Grenzberge hinter uns, tauchen in weites Waldland ein, in dem Dutzende kleine und große Seen

Die ersten Herbststürme ziehen vom Nordmeer nach Schwedisch-Lappland, hier oberhalb von Vuoggatjålme.

Gunnel und Robert auf der Terrasse ihres Anwesens in Sandviken am Silvervägen. An einem schönen Herbsttag stellt sie das alte Harmonium heraus und spielt alte Volkslieder unter freiem Himmel (rechte Seite).

funkeln, wenn die Sonne für Sekunden die niedrige Wolkendecke durchbricht. Nach 20 Kilometern erreichen wir die erste dauerhafte Siedlung namens Sandviken. Bereits ein paar Kilometer zuvor werben Schilder am Straßenrand für die Attraktionen des Ortes: einen Campingplatz, Übernachtungshütten für Fischer und Jäger, einen Shop, frischen Kaffee und Kuchen … In Sandviken leben zwei Menschen, es ist das Anwesen von Gunnel und Robert.

Glücklich in der Wildnis

Das Paar betreibt in der Wildnis auch einen kleinen Laden, der bis unter die Decke mit Waren vollgestopft ist. Am Tresen stehen Kaffee und selbstgebackene Zimtkringel, dahinter Gunnel, eine kleine, pausbäckige Frau mit einem umwerfenden Lächeln. Während Robert mit seinem neuen Bagger weiter einen Graben ausschachtet, lädt sie uns zu sich ein. Ihre Wohnung beginnt hinter dem Tresen – lichtdurchflutet mit Traumblick auf einen großen See und die Berge.

Wir erzählen von unseren Bulli-Abenteuern, sie erzählt die Geschichte von Gunnel und Robert. Sie hatte nach einer Katastrophen-Ehe von Männern genug, wollte nur ihre Ruhe und gab in ihrer Heimatstadt Umeå eine anonyme Annonce in der Lokalzeitung auf: »Suche Frau zum gemeinsamen Fischen.« Darauf meldete sich nur eine Person – das war Robert, seit langer Zeit solo, auch eine Ehe mit Kindern hinter sich, jetzt nur noch mit seiner IT-Firma liiert. Er lud sie für ein Wochenende in seine heruntergekommene Jagdhütte in den Bergen ein, sie gingen Eisfischen, unternahmen Skitouren, standen in dichtem Nebel auf einem Gipfel und erlebten, wie der Schleier sich von Zauberhand lüftete und die Sonne durchbrach. Als sie sich auf den Rückweg in die Zivilisation machten, fragte er sie, ob er ihre Skier im Schuppen stehen lassen solle. Sie antwortete, ohne zu zögern: »Ja!«

Sie schmiedeten Pläne, draußen in der Natur etwas gemeinsam aufzubauen, und entdeckten schließlich das Immobilienangebot am Silvervägen. Sandviken war für sie die zweite Liebe auf den ersten Blick. Eine ganze Weile glich ihr Grundstück wegen der Umbaumaßnahmen einer großen Baustelle, aber beide wussten sofort, dass sie hier ihr Paradies gefunden hatten. Robert, der Architekt und Ingenieur, Gunnel, die Künstlerin und famose Köchin.

Wir hören Schmugglergeschichten vom Silvervägen: Russen, die Alkohol, Drogen und Anabolika nach Norwegen schleusten, ein finnischer Kleinlaster mit 10 000 Vogeleiern im Gepäck – darum wird nun auf der norwegischen Seite eine neue, große Zollstation mit mehr Personal errichtet. Und dann erzählt Gunnel bei Kaffee und Zimtschnecken vom alten Spukhaus am Rentier-Coral kurz vor der Grenze. Vor über 100 Jahren fanden dort Reisende auf ihrem

> » *Und dann erzählt Gunnel bei Kaffee und Zimtschnecken vom alten Spukhaus am Rentier-Corral kurz vor der Grenze.* «

Weg zwischen Nordmeer und Ostsee eine Unterkunft. Eines Nachts wurde die Wirtin von einem Gast ermordet, ihr Geist zieht angeblich dort oben immer noch ruhelos umher. Gunnel weiß von einem Mann, der sich für den Winterdienst auf dem Silvervägen beworben hatte. Bei seiner ersten Fahrt bis zur Grenze geriet er mit seinem Räumfahrzeug in dichtes Schneegestöber. Plötzlich stand da eine Frau in altmodischer Kleidung am Straßenrand. Kurz bevor er sie erreichte, war sie wie vom Erdboden verschluckt. Seinen Job hat er daraufhin sofort wieder gekündigt. Ein anderes Mal übernachtete ein Mann nach einer Panne im alten Holzhaus. Mitten in der Nacht erschien ihm eine Gestalt, die um Hilfe flehte, er rannte panisch aus der Hütte in die Berge.

Unser letzter Zeltplatz an der Grenze lag nur zwei Kilometer vom Spukhaus entfernt. Da lasse ich mich doch lieber von einem LKW-Fahrer wecken, auch wenn die Basar-Atmosphäre des Grenzmarktes mein nostalgisches Bild von Lapplands Wildnis ziemlich lädiert hat. Aber noch lieber kehre ich nach Sandviken zurück, um zwei glückliche Menschen wiederzusehen!

Auf dem alten Teilstück der E 6 bei Mørsvikbotn fährt an diesem Nachmittag nur unser Bulli durch die atemberaubende nordnorwegische Küstenlandschaft.

Auf einer kleinen Tagestour erreichen wir den Strand von Bunes auf der Lofoteninsel Moskenesøy.

Das alte Seemannshaus von Mærvoll auf der Lofoteninsel Vestvågøy wäre eine perfekte Kulisse für einen düsteren Nordlandkrimi. Wir wagen trotzdem eine Übernachtung in dem historischen Gebäude (nachfolgende Doppelseite).

Nordkap
Kilometer 14 989 – Tag 92 bis 99

Finale im hohen Norden

Vom Tysfjord zum Nordkap

In der grandiosen Fjordwelt Nordnorwegens taucht ein alter Bekannter auf, der uns mit seinem Boot in die Welt seines Volkes, der Sami, entführt. Zwischen zwei Orkantiefs erreichen wir schließlich das Nordkap. Dort steht in der Einsamkeit ein grüner T2-Bus am Klippenrand – endlich hat unser Bulli noch einen richtigen Freund gefunden!

»Ich erkenne dich nicht wieder!«, meint der untersetzte Mann, der aus seinem Wagen steigt. Vor 33 Jahren habe ich ihn das letzte Mal hier oben am Tysfjord gesehen. Eigentlich wollten wir den Bulli an der Tankstelle von Drag nur kurz auftanken, um dann weiter Richtung Norden zu fahren. Doch der Tankwart entpuppt sich als Oldtimer-Fan, wir kommen ins Gespräch, und ich erzähle ihm, dass ich bereits Anfang der 1980er-Jahre mehrmals in diese Region gereist bin. Damals wanderte ich mit drei Freunden auf einer zweiwöchigen Rucksacktour durch die lappische Wildnis bis zum Ende des Tysfjords. Nach zwei Tagen Dauerregen kamen wir völlig durchnässt in dem winzigen, nur im Sommer von Sami bewohnten Ort Hellemobotn an. Wir hatten Glück, dass ein junger Mann uns tropfnassen Gestalten einen trockenen Platz im Sägewerk des Weilers anbot. Das war Erling, der auch im folgenden Jahr im Sägewerk seines Vaters arbeitete, als ich mit meiner damaligen Freundin von dort aus eine 200-Kilometer-Tour durch das Gebirge nach Schweden startete.

Der Fischerort Henningsvær ist seit 1983 über eine Brücke mit den übrigen Lofoteninseln verbunden.

»Erling wohnt hier in Drag, vielleicht hat er Zeit!«, erklärt mir der Tankwart und ruft ihn prompt an. Fünf Minuten später steht der Mann vom Sägewerk mir gegenüber. »Ich erkenne dich auch nicht!«, fällt mir als einzige Antwort auf seine Begrüßung ein. Kein Wunder – nach 33 Jahren! Dann fragt er nach dem Namen meiner hübschen damaligen Begleitung. Ein einziges Wort verändert seinen Gesichtsausdruck: Ulrike! Erling wiederholt ihren Namen wie eine geheime Zauberformel und bekommt auf einmal große Augen. Oh ja, an sie erinnere er sich allerdings noch ganz genau! Es wäre damals nicht sehr nett von mir gewesen, mit dem tollen Mädel gleich am nächsten Tag in die Wildnis nach Schweden abzuhauen, während er mit seinem Kumpel im Sägewerk weitermalochen musste.

Doch Erling verzeiht mir nach über drei Jahrzehnten und lädt uns zu sich nach Hause ein. Wir parken den Bulli vor einem alten Holzhaus, das Erling und seine Frau mit Liebe über viele Jahre restauriert haben. Ein paar Meter daneben steht ein *lavvu*, ein traditionelles Sami-Zelt, auf dem großen Grundstück. Dort trifft er sich mit Freunden, dort singt er die *joiks*, die alten Lieder seiner Vorfahren. Wir sind von der Aussicht überwältigt: Kiefernwälder fransen in gelblichen Moorlandschaften aus, hinter denen sich riesige abgeschliffene Granitberge erheben – eine magische Landschaft aus steinernen Riesenechsen, durch die sich ein silbern glänzender Fjord zieht. Nach dem Abendessen sitzen wir gemeinsam auf einem Rentierfell vor dem *lavvu*. Über uns tänzeln die ersten Nordlichter, der Himmel klart auf, und ein fahler Mond kommt hinter dem gewaltigen Granitobelisk Stetind, einem heiligen Berg der Sami, zum Vorschein. Es ist Mitte September, der Frost kriecht zum ersten Mal aus den Bergen hinunter an die Fjordküsten. Eine Viertelstunde lang schweigen wir ehrfürchtig, um den Zauber des Augenblicks nicht

> *Die Rettungswesten sind eher symbolischer Natur, denn zu beiden Seiten des engen Fjordes steigen die Felswände fast senkrecht empor.* «

zu zerstören. Dann sprechen wir über das Leben, die scheinbaren Zufälle, die plötzlich so vieles verändern und über den Geist dieser archaischen Landschaft, die mich aufs Neue zutiefst berührt.

Am nächsten Morgen stehen wir am Schiffsanleger von Drag und warten auf das Schnellboot, das uns in das nur von wenigen Sami bewohnte Fjordinnere bringen soll. Erling hat nur einen Schlafsack, eine Gitarre und eine Angel dabei. Für zwei Tage reisen wir in die gemeinsame Vergangenheit – ohne Frau oder Freundin. Nach einer Dreiviertelstunde erreichen wir Erlings altes Heimatdorf Musken, die letzte dauerhaft bewohnte Siedlung. Die restliche Fjordetappe müssen wir von hier aus mit dem Boot seines Vaters zurücklegen. »Hier lebten noch über 100 Menschen, als ich Ende der 1980er-Jahre nach Oslo gezogen bin«, erzählt Erling, als wir das Regenwasser aus dem Boot schöpfen. »Heute wohnen außer meinem Papa nur noch fünf weitere Leute ganzjährig in Musken. Es gibt Arbeit, wir haben die Lachsfarmen, aber keiner will mehr ohne Straßenanschluss leben.«

Eine Viertelstunde später schaukeln wir mit seiner Nussschale durch die Wellen. Hinter einer Felsnase kommt plötzlich heftiger Wind auf. Die Rettungswesten sind eher symbolischer Natur, denn zu beiden Seiten des engen Fjordes steigen die Felswände fast senkrecht empor. Unter uns 900 Meter Wasser. Erling erzählt von Nils Erik. Der Postbote war mit dem Wetter erfahren, und doch ertrank er, als er im Nachbarfjord mit dem Boot unterwegs war, und wurde nie gefunden. Als der Wind abflaut, steuert Erling das Boot nahe ans Steilufer heran. Er kennt die Orte, an denen sich die Fische aufhalten. Und tatsächlich haben wir nach einer Viertelstunde ein halbes Dutzend Schellfische aus dem Fjord gezogen, doch wir werden beobachtet: Zwei Seeadler kreisen majestätisch über uns, ein dritter taxiert uns von einem abgestorbenen Baum am Ufer. Nasser Felsschliff glänzt in der Sonne wie flüssiges Metall, knorrige Föhren krallen sich hoch oben an schwindelerregende Felsbastionen. Hier im Innern des Tysfjords ist der Mensch ganz klein, die Natur übermächtig.

Ein raues Stück Paradies

Das Fjordende in Hellemobotn gleicht einem gigantischen Amphitheater: Wasserfälle stieben von drei Seiten über die Abbruchkante in die Schwemmebene des Flusses. Dort hat ein Orkan einige Jahre zuvor den gesamten Nadelwald in Abertausende Mikadostäbe zerlegt. Unterhalb stehen an einem kleinen Anleger versprengt ein Dutzend Häuser und das alte Sägewerk auf einer großen Wiese. Erling fühlt sich wegen seines Asthmas nicht ganz fit, und so starten Daniel und ich ohne ihn zu einer Tagestour zum Canyon, die uns hoch in die wilde Felslandschaft führt. Nach einer halben Stunde kommen uns auf dem Trampelpfad zwei Sami entgegen, die von der Elchjagd zurückkehren, danach sind wir für den Rest des Tages allein in der verwunschenen Bergwelt. Hier oben hat sich nichts verändert, die Jahrzehnte verschwimmen, die Zeit löst sich auf. Als wir in der Dämmerung zum Sägewerk zurückkehren, hat Erling bereits im Schein einer Petroleumlampe das Abendessen zubereitet: frischer Schellfisch mit Kartoffeln!

Im Nieselregen tuckern wir am nächsten Vormittag aus dem Fjord heraus. Erlings Vater Mikal hat uns in Musken zum Frühstück eingeladen. Sein ganzes Leben hat der 83-Jährige für die Rechte

Im inneren Tysfjord sind wir mit Erling und seiner Nussschale auf Bootstour – 900 Meter Wasser unter uns (oben)! Am Fjordende steigen Daniel und ich auf alten Pfaden ins menschenleere Fjäll (rechte Seite).

und die Kultur seines Volkes gekämpft, zu seinem 80. Geburtstag erhielt er dafür die königliche Verdienstmedaille. Ich kenne ihn bereits von einer Reise aus den 1990er-Jahren. Damals erzählte er mir von seinem Volk, wir gingen gemeinsam fischen und lachten viel. Jetzt treffe ich auf einen alten Mann mit schlohweißen Haaren, aber wachem Kopf. Viele Jahre arbeitete er an einem Wörterbuch der lule-samischen Sprache, um seinen Schreibtisch türmen sich Bücher und Studien aus über 50 Jahren. Schon Jahrhunderte vor der Ankunft der ersten Norweger lebten seine Vorfahren hier am Tysfjord als Fischer und Rentierzüchter. Für sie existierten nie Landesgrenzen, schon immer zogen sie mit ihren Rentierherden zwischen Schweden und Norwegen hin und her. Einige von ihnen halfen während der deutschen Besatzung unter Lebensgefahr Flüchtlingen, über die Berge nach Schweden zu gelangen. »1952 habe ich dafür Deutschland erobert. Ich war als norwegischer Soldat eine Weile in Flensburg stationiert«, erzählt er grinsend in fast akzentfreiem Deutsch. Dann kredenzt er uns ein exzellentes Frühstück mit selbstgemachter Moltebeermarmelade und Rentierschinken. Viel zu schnell müssen wir den weisen alten Mann und sein sterbendes Heimatdorf verlassen, das Schnellboot nähert sich dem Kai.

Zielgerade mit vielen Kurven

Nach dem Zwischenstopp am Tysfjord geht es mit dem Bulli auf der E 6 weiter nach Norden. Eine Woche zuvor hatten wir auf den Lofoten noch Traumwetter, nun erreicht uns zum ersten Mal der Dauerregen eines Nordatlantiktiefs. Nässe und klamme Kälte kriechen von allen Seiten in den Wagen. Die Asphaltstraße gleicht einer Seenplatte, in den Wäldern werden Rentiere und Elche aktiv. Zu allem Unglück fällt noch einer der winzigen Scheibenwischer aus. Wir müssen noch defensiver mit dem Bulli fahren, denn jetzt, auf den letzten 750 Kilometern, darf einfach nichts mehr passieren!

Endlich, nach fast zwei Tagen, hört der Regen am geschützten Altafjord auf. Aus den Kieferwäldern zieht sich das Asphaltband der E 6 auf eine weite baumlose Hochebene. Irgendwie sieht das gar nicht mehr nach Europa aus, sondern ähnelt eher einer nordasiatischen Steppenlandschaft: Statt mongolischer Kamele oder tibetischer Yaks streifen Rentierherden durch das leere Land. Die halbwilden Tiere sammeln sich für den bevorstehenden Zug auf die Winterweide im Landesinnern. Duoddar Sion, Čuokkarašša, Činkkajavre – auch die geografischen Bezeichnungen der Sami, die vor 2000 Jahren als Nomadenvolk aus den Weiten Sibiriens nach Nordskandinavien vordrangen, klingen exotisch und mystisch zugleich. Aus den weit verstreuten Hütten der Sami steigt Rauch in den bleiernen Herbsthimmel auf. Leichter Raureif liegt auf den rötlich gefärbten Beerenblättern. Ein Schwarm Schneehühner fliegt von einem Moortümpel auf. Wunderschön synchron fliegen die Vögel in niedriger Höhe vor uns über die Straße, doch plötzlich drehen sie ab, steuern auf unser Auto zu und fliegen um Haaresbreite in die Frontscheibe. Für ein schnelles Ausweichmanöver ist die Lenkung viel zu träge – Riesenglück gehabt! Merkwürdig, nun auf der allerletzten Etappe unserer großen Bulli-Reise werde ich zum ersten Mal ein wenig nervös. Wir sind nur noch 180 Kilometer vom Nordkap entfernt. Wenn jetzt etwas mit dem Oldtimer passiert, dauert es verdammt lange, bis wir Ersatzteile erhalten. Und jeder Tag bedeutet weniger Licht, schlechteres Wetter, aber genau heute – und nur heute – soll sich das Wetter am Nordkap ungewöhnlich ruhig zeigen. Für die nächsten Tage sind schon wieder Orkanböen und Starkregen angekündigt. Also weiter nach Norden!

Auf dem Dach Europas Gjesvær auf der Insel Magerøya ist die zweitnördlichste Siedlung Skandinaviens.
Unser Bulli am Nordkap (rechte Seite oben)! Die letzte Abendfähre nach Arnøy (unten links); Übernachtung in einer historischen Hütte auf Magerøya (unten rechts)

VOM TYSFJORD ZUM NORDKAP 183

Im Nordkaptunnel, der seit 1999 das Festland mit der Nordkapinsel Magerøya verbindet, erfasst mich leichte Paranoia: Die sieben Kilometer lange Trasse führt steil und nur spärlich beleuchtet hinunter bis 212 Meter unter dem Meeresspiegel. Bloß keine Panne hier im düsteren Schlund unter dem Fjord! Kaum sind wir mühsam die Steigung wieder ans Tageslicht hochgetuckert, kreuzt direkt vor uns ein mächtiger Rentierbulle in aller Seelenruhe die Straße. Doch damit ist das schlechte Karma überwunden, wir müssen lediglich beim letzten Tankstopp die Tristesse des Hauptortes Honningsvåg ertragen. Wir schrauben uns mit dem Bulli auf das Plateau, von dem wir bald in allen Richtungen das Eismeer erblicken können. Noch 25 Kilometer bis zum Nordkap. Eigentlich ist Knivskjelodden, der nordwestliche Zipfel von Magerøya, noch 1400 Meter nördlicher gelegen. Aber dort drüben auf der abgerundeten, flach auslaufenden Landzunge gibt es nichts Spektakuläres, kein Steilküstendrama wie am Nordkap, wo das 300 Meter hohe Plateau abrupt abbricht.

Ausgerechnet ein deutscher Kaiser kurbelte den Nordkap-Tourismus an: Ab 1889 begab sich Wilhelm II. jeden Sommer auf Nordlandfahrt, insgesamt 26 Mal. Bis Mitte des 20. Jahrhunderts war das Nordkap fast ausschließlich betuchten Großbürgern vorbehalten, heute gelangen jährlich über 200 000 Besucher an den nördlichsten Außenposten Europas.

Gipfeltreffen am Nordkap Völlig überraschend treffen wir Ende September am Nordkapfelsen auf einen T2-Bulli – endlich ein neuer Freund für unseren T1!

Aus der Ferne vom Meer aus wirkt der 307 Meter hohe Nordkapfelsen mit Steilklippen und Plateau noch monumentaler (rechte Seite).

Doch jetzt ist es Ende September. Die Touristensaison ist vorbei, die Nordmeertiefs reichen sich die Hand. Nur ein knappes Dutzend Menschen läuft auf dem weitläufigen Gelände herum, eine Handvoll Autos parkt vor dem Informationszentrum. Nach fast 15 000 Kilometern sind wir am Ende der Reise angelangt, es geht nicht weiter. Istanbul scheint Lichtjahre entfernt. Unser Glück können wir zunächst gar nicht fassen, denn wir sind einfach noch zu sehr im monatelangen Bulli-Reiserhythmus gefangen. Wie lautet das alte Indianersprichwort? Lass der Seele Zeit, nachzukommen. Na ja, ein paar Stunden haben wir hier eingeplant, aber gegen Abend sollen die Vorläufer des nächsten Sturmtiefs schon das Nordkap erreichen. Das Eismeer besitzt Symbolkraft – irgendwo am Horizont liegt 2100 Kilometer entfernt der Nordpol, an dem alles in konturlosem Weiß zerfließt. Warum zieht es so viele Menschen an diesen unwirtlichen Rand Europas? Da ist sicher auch etwas Metaphysisches mit im Spiel.

Aber von wegen Unendlichkeit: Zwischen dem Eismeer und uns steht nur wenige Meter von der Abbruchkante entfernt ein dunkelgrüner T2-Bulli mit Pforzheimer Kennzeichen! Wir müssen zweimal hinschauen, um uns zu versichern, dass es sich hier nicht doch um so eine Art arktische Fata Morgana handelt. »Unsere Eltern kommen gleich mit dem Postschiff vorbei«, erklärt uns das Geschwisterpaar. Dick vermummt schreiten Tobi und Mareike zum Klippenrand. Als das Hurtigruten-Schiff tief unter ihnen auftaucht, schwenkt Tobi seine gelb-rote Badnerlandflagge als Gruß an die Eltern, eine rührende Geste der Heimatliebe auf dem Dach Europas. Und auf dem stehen der rot-weiße T1-Bulli und der dunkelgrüne T2 so einträchtig, fast innig nebeneinander, als ob sie von Anfang an alle Abenteuer gemeinsam gemeistert hätten und nun alles noch einmal Revue passieren lassen. Plötzlich ertönt ein Schrei an der Klippe. Es ist Mareike, die mit dem Fernglas das Schiffsdeck absucht: »Sie stehen an der Reling und winken hoch! Sie haben uns erkannt!«

VOM TYSFJORD ZUM NORDKAP

Auf der Insel Arnøy im Norden der Provinz Troms erleben wir bereits Ende September spektakuläre Nordlichter am arktischen Himmel.

> *Die größte Offenbarung ist die Stille.*

Laotse

Making of

Die Geschichte hinter der Geschichte

Zwei Jahre lang trug ich »Das große Bulli-Abenteuer« gedanklich mit mir herum. Im März 2015 ergab sich endlich die Gelegenheit, einen T1-Bus zu einem halbwegs vernünftigen Preis zu erstehen. Plötzlich musste alles sehr schnell gehen, da ich mit dem Projekt unbedingt noch im Frühjahr starten wollte. Innerhalb kürzester Zeit machten meine Freunde von der Käferwerkstatt Regensburg den »Brasil-Bus« so fit, wie es nur irgend möglich ist für einen Oldtimer, der jahrzehntelang und Hunderttausende Kilometer weit einem Gemüsebauern aus Südbrasilien als Transportfahrzeug gedient hatte. Auch mein Team stand schnell: Mein deutsch-türkischer Freund Hakan, im normalen Leben Sushi-Koch, wollte mich in Istanbul als Dolmetscher begleiten. Philipp, der mir schon während meiner Patagonien-Produktion assistiert hatte, sagte mir für die erste Etappe bis Rijeka zu. Von Rijeka bis Bozen begleitete mich mein alter Studienfreund Andreas, mit dem ich schon viele Reisen unternommen habe. Über die Alpen bis nach Bayern assistierte mir Tobi, der mich bereits monatelang bei meiner Rio-Produktion unterstützt hatte. Für die Fahrt von Bayern bis zum Nordkap gab mir schließlich mein Fotografenkollege Daniel sein Okay.

Da ich kurz zuvor in Brasilien über 6000 Kilometer mit einem T2-Bus unterwegs gewesen war – an die »sportliche« Kurbelei beim Einparken hatte ich mich schnell gewöhnt –, hatte ich wenig Bedenken, das Vorgängermodell ebenso souverän zu beherrschen. Das war, gelinde gesagt, ziemlich naiv. Als ich meinen T1-Bulli drei Wochen vor Abfahrt auf einer kleinen Landstraße nahe Regensburg zum ersten Mal zur Probe fuhr, bekam ich wegen des großen Lenkradspiels fast Panikattacken. Wie sollte ich mit diesem zugegebenermaßen äußerst sympathischen Oldtimer jemals schneller als 60 Stundenkilometer fahren, ohne im Graben oder im Gegenverkehr zu landen? Wie damit heil die 2650 Kilometer bis zum Ausgangspunkt Istanbul kommen? Knautschzone gleich null, ABS nicht vorhanden, Lenkstange zwischen den Beinen, summa summarum: Fahrkomfort und Sicherheit nicht existent. Natürlich fuhren wir los, aber niemals werde ich vergessen, wie uns auf der Autobahn nach Passau sogleich LKW-Schwärme in die Zange nahmen, wie im einröhrigen Tauerntunnel der Gegenverkehr nur einen Meter links vom Bulli vorbeirollte, während rechts die Betonwand drohte. Aber da gab es kein Zurück mehr, nur noch ein Ziel, das eigentlich der Anfang unserer großen Reise war: Istanbul, das wir schließlich am dritten Tag in der Abenddämmerung erreichten.

Mit dem T1 gab es jede Menge Sicherheitsrisiken, aber wir erhielten dank des Bulli-Sympathiebonus auch enorm viel, was wir mit einem »normalen« Auto nie erlebt hätten. Unterwegs spielten sich manchmal unglaubliche Szenen auf der Straße ab: Die Fahrer

Der Talisman »Zombina« meiner Tochter hat den Bulli und uns über viele Monate beschützt.

36 Stunden nach unserer Ankunft am Nordkap bricht der Bulli mit schwerem Getriebeschaden im Nirgendwo zwischen Kiruna und Narvik zusammen. Zombinas Voodoo-Kraft war nach dem Zieleinlauf am Nordkap erschöpft (rechte Seite)!

Polarkreis-Ballett mit Bulli Nur noch 1000 Kilometer vom Polarkreis bis zum Ziel Nordkap. Wird der Bulli auch noch die letzte Etappe durchhalten? Die Nervosität begann erst auf den letzten 250 Kilometern (nachfolgende Doppelseite) …

schneller Luxuskarossen, wie Porsche, BMW oder Audi, blieben oft minutenlang hinter uns, filmten oder fotografierten den so sympathischen Bulli, der vor ihnen mit höchstens 100 Stundenkilometern tuckerte, um uns schließlich winkend und lachend zu überholen. Der T1 sorgte an vielen Orten bei Alt und Jung für gute Laune und für interessante Begegnungen, die sich sonst nie ergeben hätten.

So zum Beispiel bei unser mitternächtlichen Ankunft in Triest: Carla mit ihrem Cocktail-Trailer war von unserem charmanten Bulli gleich so entzückt, dass sie uns spontan ein paar (alkoholfreie) Drinks spendierte und wir gleich mitten in die Triester Musikszene katapultiert wurden. Weniger erfreulich, aber extrem spannend war die Begegnung mit den beiden norwegischen Alkoholschmugglern. Das hätte böse ausgehen können, doch wir hatten ja Zombina als Talisman dabei. Die kleine Voodoo-Puppe, von meiner Tochter extra für die lange Bulli-Reise als Glücksbringer genäht, besaß offensichtlich sehr große Schutzkräfte: Es grenzt an ein Wunder, dass der Oldtimer auf der ganzen Tour nicht eine einzige Schramme oder Beule abbekam. In Griechenland hatte ich zunächst Bedenken, dass man uns wegen der Anti-Merkel-Stimmung eventuell die Reifen zerstechen würde. Nix da, wir wurden immer gastfreundlich aufgenommen. Überhaupt: Fast überall auf dem Balkan ist Deutschland für die Menschen das große Vorbild. Der Perspektivwechsel von dort auf die eigene Heimat war für mich extrem interessant.

Nach den Schreckmomenten zu Beginn der langen Reise war ich so sehr von dem Projekt in Anspruch genommen und von dem Retro-Stil der Reise fasziniert, dass mir ein eventuelles Scheitern überhaupt nicht mehr in den Sinn kam. Erst auf den allerletzten 250 Kilometern hoch oben in der Finnmark wurde ich plötzlich wieder nervös und spielte im Kopf problematische Szenarien durch. Doch Zombina ließ uns bis zum Nordkap nicht im Stich. Dann erlahmte ihre Zauberkraft, ihre Mission war erfüllt. Nur 36 Stunden später saßen wir auf der Rückfahrt mit einem schweren Getriebeschaden in der Einöde zwischen Kiruna und Narvik fest. Egal, der Bulli hatte die 15 000 Kilometer von Istanbul bis zum Nordkap geschafft!

DIE GESCHICHTE HINTER DER GESCHICHTE

Danksagung des Autors

Ohne die besondere Gastfreundschaft, Hilfsbereitschaft und das Engagement vieler Menschen wäre dieses Buch nie entstanden: Ein herzliches Dankeschön an meine Assistenten Daniel Fort, Philipp Schmidt, Andreas Langen und Tobias Werner, an meine Dolmetscher Hakan Albayrak und Fatos Katalozzi und vor Ort besonders an Carla Buscaglia, Lemana Čengić, Aleks Dukaj, Boris Delić, Gunnel Forsberg, Walter Frankenstein, Claudia Heckl, Bohuslav Hlavsa, Birgit Höcherl, Franz Holler, Gjyste Hysaj, Dr. Friedrich Idam, Elin Johannesson & Lauksletta Overnatting, Bernd Klaus, Matthias Messner, Luigi Nicolussi Castellan, Karsten Novotka, Hanni Petersen, Hubert Peuker, Ndue Plumaj, Erwin Sandalj, Martina Scharoba, Jan Skala, Zvonimir Škvorčević, Theodosios Simonopetritis, Tonči Trinajstić, Lia Tsiallas, Erling Urheim, Martha Vrist, Robert Vushaj, Sune Wiklund, Ilyas Yildiz und natürlich auch an meine Familie zuhause!

Last but not least bedanke ich mich bei meinem Kooperationspartner Volkswagen Nutzfahrzeuge, den Bulli-Spezialisten von der Käferwerkstatt Regensburg, Grenz Automobile Bad Lippspringe, Servisni Centar Kraj, Ludwig Bayer Schönsee sowie Volkswagen Sarajevo – ohne euch hätten wir das Nordkap mit dem Bulli nicht erreicht!

Impressum

Verantwortlich: Joachim Hellmuth, Marianne Huber
Redaktion: Barbara Rusch
Korrektorat: SAW Communications, Dr. Sabine A. Werner
Satz und Layout: VerlagsService Gaby Herbrecht
Repro: Ludwig, Zell am See
Umschlaggestaltung: Karin Miller
Kartografie: Eckehard Radehose, Anne Gebhard, Claudia Schlutter
Herstellung: Bettina Schippel
Printed in Germany by APPL aprinta druck

★★★★★

Sind Sie mit diesem Titel zufrieden? Dann würden wir uns über Ihre Weiterempfehlung freuen.

Erzählen Sie es im Freundeskreis, berichten Sie Ihrem Buchhändler, oder bewerten Sie beim Onlinekauf. Und wenn Sie Kritik, Korrekturen, Aktualisierungen haben, freuen wir uns über Ihre Nachricht an Frederking & Thaler Verlag, Postfach 40 02 09, D-80702 München oder per E-Mail an lektorat@verlagshaus.de.

Unser komplettes Programm finden Sie unter 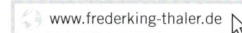 www.frederking-thaler.de

Alle Angaben dieses Werkes wurden von den Autoren sorgfältig recherchiert und auf den neuesten Stand gebracht sowie vom Verlag geprüft. Für die Richtigkeit der Angaben kann jedoch keine Haftung übernommen werden.

Bildnachweis: Alle Aufnahmen © Peter Gebhard, außer: S. 135: Daniel Fort

Umschlagvorderseite: Schotterpiste bei Selce, Nordalbanien
Umschlagrückseite: Auf der Insel Thassos, Griechenland (l.o.), die »Liebesinsel« Galesnjak, Kroatien (r.o.), Stopp in Südalbanien (l.u.), r.u. und
Seite 1: Donaufähre bei Hiesing, Niederbayern
Seite 2/3: Straße nach Mikro Papigo, NW-Griechenland
Seite 6/7: Im Hafen von Thassos, Nordgriechenland
Seite 8: Bulli-Begegnung in der Nähe von Tirana, Albanien
Seite 9: Auf der Europastraße 6 kurz vor dem Nordkap, Norwegen
Seite 10/11: Serpentinenstraße hinunter ins Cem-Tal, Albanien
Seite 12/13: Auf der Großglockner-Hochalpenstraße, Österreich
Seite 14/15: Nachtstimmung in der Hamburger Speicherstadt
Seite 16/17: Nordlandpanorama bei Reine, Lofoten, Norwegen

Die Deutsche Nationalbibliothek verzeichnet diese Publikation in der Deutschen Nationalbibliografie; detaillierte bibliografische Daten sind im Internet über http://dnb.d-nb.de abrufbar.

2. Auflage
© 2017 Frederking & Thaler Verlag in der Bruckmann Verlag GmbH, München
ISBN 978-3-95416-208-6

Ebenfalls erhältlich ...

ISBN 978-3-89405-927-9

ISBN 978-3-95416-120-1

FREDERKING & THALER
www.frederking-thaler.de